마음을 움직이는

음악, 뇌를 깨우다

음악심리 & 뇌운동 융합지도사의 이론과 실제

서미영 지음

머리말

음악은 마음을 깨우고, 움직임은 뇌를 연결합니다

우리는 음악을 들으며 감정이 변하는 것을 경험합니다.
그리고 몸을 움직일 때 생각과 마음이 달라진다는 것도 알고 있습니다.

음악과 움직임은 서로 다른 영역처럼 보이지만,
실제로는 뇌 안에서 동시에 작동하는 하나의 경험입니다.

이 책은
음악을 통해 감정을 이해하고,

뇌 운동을 통해 그 감정을 신체와 인지로 연결하는 전문가,

즉 음악 심리 & 뇌 운동 융합 지도사를 양성하기 위한 교재입니다.

음악만으로는 부족하고,
운동만으로는 닿지 않는 지점이 있습니다.

이 책은 그 사이를 잇는 통합적 지도를 제시합니다.

음악심리지도사 서미영

1부. 왜 음악과 뇌운동을 함께해야 하는가

감정·뇌·몸의 연결 이해

제1장. 오리엔테이션 & 융합지도사 입문

1. 음악심리·뇌운동 융합지도사의 역할

- 음악심리지도사와 뇌운동지도사의 공통점과 차이
- 융합지도사의 필요성
- 정서·인지·신체를 함께 보는 전문가의 시선

2. 음악과 움직임이 만나는 지점

- 감정은 음악에 먼저 반응한다
- 뇌는 움직임으로 통합된다
- 음악 + 움직임 = 안정된 뇌 경험

3. 윤리와 기본자세

- 감정 개입의 책임
- 신체 활동 시 안전 원칙
- 지도사의 자기 조절

제2장. 음악·뇌·신체의 과학적 기초

1. 음악과 뇌

- 청각피질, 편도체, 해마, 전전두엽
- 음악이 감정·기억·집중을 동시에 자극하는 이유

2. 뇌운동의 핵심 원리

- 좌·우뇌 협응
- 교차 운동과 소뇌 활성
- 리듬 운동이 신경망에 미치는 영향

3. 음악과 뇌운동의 결합 효과

- 정서 안정

• 집중력 향상
• 스트레스 완화

실습 활동

• 음악 감정 일지 + 신체 반응 기록
• 안정 음악과 안정 동작 매칭

학습 질문

• 음악 자극 후 몸은 어떻게 반응하는가?
• 움직임이 감정을 바꾸는 이유는 무엇인가?

2부. 감정 조절과 뇌 안정

음악 & 뇌운동의 실제 적용

제3장. 음악은 감정의 문을 연다

내용

• 감정은 설명보다 경험
• 정서별 음악 특성
• 감정 과잉/저하 상태 이해

실습

• 감정 음악 카드 + 리듬 움직임
• 짧은 감정 표현 활동

제4장. 움직임은 뇌를 안정시킨다

내용

• 각성·안정의 뇌 상태
• 느린 움직임과 안정
• 반복 동작과 예측 가능성

실습

• 교차 운동
• 리듬 기반 안정 동작

제5장. 스트레스 조절의 통합 접근

내용

- 스트레스는 마음 문제가 아닌 신체·뇌 반응
- 음악 호흡과 뇌운동의 결합
- 자율신경계 안정

실습

- 리듬 호흡
- 음악 + 스트레칭 루틴

3부. 발달 단계별 융합 지도

제6장. 아동을 위한 음악·뇌운동 지도

- 놀이 기반 리듬 활동
- 주의집중·사회성 발달
- 짧고 반복적인 구조

실습

- 아동용 리듬 놀이 설계

제7장. 청소년·성인을 위한 융합 지도

- 감정 억압 해소
- 자기 표현과 스트레스 관리
- 음악 즉흥 + 동작 표현

제8장. 노년층을 위한 음악·뇌운동 지도

- 회상 음악
- 균형·협응 운동
- 인지 자극과 정서 안정

4부. 상담·치유 영역에서의 융합 적용

제9장. 음악·뇌운동 기반 상담 기법

- 음악 감상 상담
- 흥 연주 + 동작
- 비언어적 감정 표현

제10장. 특수 분야 적용

- 발달장애
- 우울·불안 완화
- 치매 예방 프로그램

실습

- 통합 프로그램 기획

5부. 지도사 실무와 전문성

제11장. 프로그램 설계와 진행

- 목표 설정
- 난이도 조절
- 안전한 수업 구조

제12장. 평가·기록·윤리

- 관찰 기록
- 변화 평가
- 지도사의 전문성 유지

■ 1단계. 기초 이해 (1–4차시)

1차시. 오리엔테이션 & 융합지도사 입문

- 이론
  - 음악심리·뇌운동 융합 개념
  - 융합지도사의 역할과 윤리
- 체험
  - 음악 반응 + 간단한 교차운동

2차시. 음악과 뇌의 만남

- 이론
  - 청각피질·편도체·해마·전전두엽
- 체험
  - 음악 감정 변화 체험
- 실습
  - 음악–감정–신체 반응 기록

3차시. 움직임과 뇌 통합

- 이론
  - 좌·우뇌 협응
  - 소뇌와 균형
- 체험
  - 교차운동·리듬 동작
- 실습
  - 안정·각성 상태 비교 기록

4차시. 음악 & 뇌운동 통합 원리

- 이론
  - 왜 함께 써야 하는가
- 체험
  - 음악+움직임 통합 활동
- 실습
  - 단일 음악 활동 vs 통합 활동 비교

■ 2단계. 감정·뇌 조절 적용 (5–8차시)

5차시. 감정 조절과 음악

•정서별 음악 특성
•감정 카드 + 리듬 표현

6차시. 뇌 안정과 움직임

•느린 움직임과 안정
•반복·예측 가능한 동작

7차시. 스트레스 완화 통합 기법

•음악 호흡
•스트레칭 루틴 설계

8차시. 집중력 향상 융합 활동

•패턴 리듬
•전두엽 활성 활동

■ 3단계. 발달 단계별 적용 (9–12차시)

9차시. 아동 대상 융합지도

•놀이·리듬·짧은 구조
•아동 수업안 설계

10차시. 청소년 대상 융합지도

•감정 배출·자기표현
•즉흥 음악 + 동작

11차시. 성인 대상 융합지도

•스트레스 관리
•음악·호흡·이완

12차시. 노년 대상 융합지도

•회상 음악
•균형·협응 운동

■ 4단계. 상담·치유 적용 (13–16차시)

13차시. 음악·뇌운동 기반 상담

- 비언어적 상담 접근
- 감정 안전화

14차시. 즉흥 기반 치유 활동

- 즉흥 연주 + 움직임
- 감정 표현 설계

15차시. 특수 대상 적용

- 발달장애
- 정서·행동 문제

16차시. 치매 예방 프로그램

- 회상 음악
- 인지·균형 통합

■ 5단계. 전문가 심화 (17–20차시)

17차시. 프로그램 설계 원칙

- 목표 설정
- 난이도 조절

18차시. 수업 진행과 리더십

- 안전한 분위기
- 그룹 관리

19차시. 평가와 기록

- 관찰 기록
- 변화 분석

20차시. 윤리와 자기 관리

- 소진 예방
- 전문가 정체성

■ 6단계. 실천 완성 (21–24차시)

21차시. 나만의 융합 프로그램 기획

- 대상·목표 설정

22차시. 모의 수업 준비

- 지도안 완성

23차시. 모의 수업 실습

- 발표·피드백

24차시. 종합 평가 & 비전 선언

- 수업안 제출
- 「나의 융합지도사 선언문」

1부. 왜 음악과 뇌운동을 함께 해야하는 가

-감정·뇌·몸의 연결 이해 -

1부. 왜 음악과 뇌운동을 함께 해야하는 가

감정·뇌·몸의 연결 이해

제1장. 오리엔테이션 & 융합지도사 개론

이 장은 이 책 전체의 출발점이다.
음악심리·뇌운동 융합지도사가 무엇을 하는 사람인지,
왜 지금 이 시대에 필요한지,
그리고 어떤 시선으로 사람을 바라보아야 하는지를 분명히 한다.

---

1. 음악심리 지도사란?

음악심리 지도사란
음악이 인간의 감정과 뇌, 신체 반응에 미치는 영향을 이해하고,
이를 바탕으로 개인의 정서 안정·자기 이해·관계 회복을 돕는
전문 교육·지도 인력이다.

음악심리 지도사는 단순히 음악을 들려주거나 활동을 진행하는 사람이 아니라,
음악을 정서 조절의 도구, 인지 자극의 매개, 심리 표현의 언어로 활용하여
대상자의 상태를 이해하고 적절한 개입을 설계하는 역할을 한다.

특히 음악심리 지도사는 다음과 같은 관점을 중심으로 활동한다.

- 음악이 감정과 기억에 미치는 심리·신경학적 작용 이해
- 개인의 정서 상태에 따른 음악 활용 능력
- 음악을 통한 자기 인식·표현·조절 과정 지원
- 연령과 특성에 맞는 안전한 음악 활동 설계
- 치유가 아닌 회복과 성장을 돕는 교육적 접근

◆ 음악심리 지도사의 핵심 역할

✔ 감정을 억누르지 않고 안전하게 표현하도록 돕는다
✔ 음악을 통해 긴장·불안·스트레스를 완화한다
✔ 대상자의 반응을 관찰하고 적절한 개입을 판단한다
✔ 음악 활동을 교육·상담·돌봄 현장에 적용한다

✔ 정서 중심의 학습 환경을 설계한다

◆ 음악심리 지도사란

- 음악을 ‘기술’이 아닌 ‘언어’로 이해하는 사람
- 감정의 변화를 민감하게 읽을 수 있는 사람
- 활동보다 의미와 흐름을 중시하는 사람
- 사람을 고치려 하지 않고, 스스로 회복하도록 돕는 사람

✨ 음악심리 지도사란, 음악을 매개로 감정과 뇌의 반응을 이해하고
사람의 회복과 성장을 돕는 정서·인지 통합형 전문가이다.

2. 뇌운동 융합지도사란?

뇌운동 융합지도사란

신체 움직임이 뇌 기능과 정서 조절에 미치는 원리를 이해하고,
이를 기반으로 인지·정서·행동의 균형을 회복하도록 돕는
전문 교육·지도 인력이다.

뇌운동 융합지도사는 단순한 신체 활동이나 체조를 지도하는 사람이 아니라,
움직임을 통해 뇌를 자극하고, 감정과 행동의 변화를 이끌어내는 전문가이다.

특히 움직임을 통해 다음과 같은 변화를 유도한다.

- 뇌의 각성 수준 조절
- 감정 안정과 스트레스 완화
- 집중력·기억력·자기조절 능력 향상
- 신체–정서–인지의 통합 회복

◆ 뇌운동 융합지도사의 핵심 개념

1 움직임은 뇌의 언어이다
사람의 뇌는 말보다 먼저 움직임에 반응한다.
균형, 리듬, 교차 움직임은 뇌 신경망을 활성화시키는 핵심 자극이다.

2 조절은 훈련이 아니라 경험이다

뇌운동은 '고치는 훈련'이 아니라
안전한 경험을 통해 스스로 조절력을 회복하게 하는 과정이다.

3 몸이 안정되면 감정도 안정된다

몸의 긴장이 완화되면
감정 반응도 자연스럽게 조절된다.

◆ 뇌운동 융합지도사의 역할

- ✔ 뇌 발달과 신체 반응을 이해하고 지도한다
- ✔ 대상자의 상태에 맞는 움직임을 설계한다
- ✔ 과잉·저하 상태를 조절하는 활동을 제공한다
- ✔ 인지·정서·행동을 통합적으로 바라본다
- ✔ 안전하고 단계적인 개입을 실행한다

◆ 뇌운동 융합지도사란

- 움직임을 '운동'이 아닌 '조절 도구'로 보는 사람
- 반응을 평가하기보다 흐름을 읽는 사람
- 성과보다 안정과 회복을 우선하는 사람
- 대상자의 몸과 마음을 동시에 이해하는 사람

✨ 뇌운동 융합지도사란, 움직임을 통해 뇌의 기능을 조절하고
감정과 행동의 균형을 회복하도록 돕는 통합적 실천 전문가이다.

3. 음악심리·뇌운동 융합지도사의 역할

1) 음악심리지도사와 뇌운동지도사의 공통점과 차이

음악심리지도사와 뇌운동지도사는
모두 사람의 변화를 돕는 전문가라는 공통점을 가진다.

그러나 접근 방식에는 분명한 차이가 있다.

음악심리지도사는 음악을 통해 감정을 인식하고,
정서적 반응과 내면의 이야기를 이끌어내는 데 강점을 가진다.

음악은 언어보다 먼저 감정에 닿아 위로와 공감을 가능하게 한다.

반면 뇌운동지도사는
신체 움직임을 통해 뇌 기능을 활성화하고,
집중력·균형·인지 기능을 향상시키는 데 초점을 둔다.

움직임은 뇌를 통합하고,
신체 감각을 통해 안정과 각성을 조절한다.

두 전문 영역은 각각 효과적이지만,
현장에서는 한계 또한 분명히 드러난다.

• 음악만 사용했을 때
➡ 감정은 열리지만, 신체 긴장이나 산만함이 남는 경우

• 신체 움직임만 사용했을 때
➡ 몸은 활성화되지만, 감정 공감이 부족한 경우

이 지점에서 융합지도사의 역할이 필요하다.

◆ 음악심리 & 뇌운동 공통 철학

음악심리	뇌운동	공통 핵심
감정 자극	신체 자극	경험 기반 변화
언어 비요구	설명 비요구	안전성
반복 가능	반복 가능	뇌 가소성

2) 융합지도사의 필요성

현대 사회의 스트레스, 불안, 정서 문제는 하나의 영역에서만 발생하지 않는다.

감정·인지·신체는 항상 동시에 반응한다.
융합지도사는 음악과 뇌운동을 각각 사용하는 사람이 아니라,
두 요소를 의도적으로 결합하여 설계하는 전문가이다.

• 감정이 과도하게 올라와 있을 때는
➡ 음악으로 공감하고, 움직임으로 안정시킨다.

• 무기력하고 반응이 없을 때는
➡ 움직임으로 각성을 높이고, 음악으로 감정을 연결한다.

융합지도사는
"무엇을 할 것인가?"보다
"지금 이 사람에게 무엇이 먼저 필요한가?"를 판단한다.

---

3) 정서·인지·신체를 함께 보는 전문가의 시선

융합지도사의 가장 중요한 전문성은
사람을 부분이 아닌 전체로 보는 시선이다.

•행동만 보지 않는다.
•감정만 묻지 않는다.
•신체 반응을 함께 읽는다.

예를 들어, 가만히 앉지 못하는 아이를
'집중력이 부족하다'고 판단하기 전에,
그 아이의 감정 상태와 신체 에너지를 먼저 살핀다.

융합지도사는
문제를 고치려 하기보다
상태를 이해하고 흐름을 조절하는 사람이다.

2. 음악과 움직임이 만나는 지점

1) 감정은 음악에 먼저 반응한다

감정은 설명으로 움직이지 않는다.
감정은 경험에 반응한다.

음악은
좋고 나쁨을 판단하기 전에
이미 감정을 흔들고 있다.

그래서 음악은
말을 아끼는 아이에게는 표현의 통로가 되고,
지친 성인에게는 마음을 열 수 있는 문이 되며,
노인에게는 기억과 감정을 동시에 깨운다.

음악은
감정을 통제하지 않으면서도
가장 빠르게 감정에 닿는 도구이다.

---

2) 뇌는 움직임으로 통합된다

뇌는 가만히 있을 때보다 움직일 때 더 잘 연결된다.

신체 움직임은
좌뇌와 우뇌를 동시에 자극하고,
소뇌와 전두엽을 활성화하며,
신체 감각을 통해 뇌에 '안전 신호'를 보낸다.

특히 교차 움직임과 리듬 운동은
뇌의 통합을 돕고
집중력과 정서 안정에 큰 영향을 미친다.

신체 움직임은 단순한 체조가 아니라
뇌를 깨우는 중요한 역할을 한다.

---

3) 음악 + 움직임 = 안정된 뇌 경험

음악만 있을 때는
감정은 열리지만, 몸이 따라오지 못할 수 있다.

신체 움직임만 있을 때는
몸은 움직이지만, 감정이 닫혀 있을 수 있다.

음악과 신체 움직임이 함께할 때

감정·뇌·몸은 같은 방향으로 움직인다.

• 음악은 감정을 깨우고
• 움직임은 뇌를 연결하며
• 그 결과, 안정된 경험이 만들어진다.

이것이 융합지도사가
두 요소를 함께 사용하는 이유이다.

---

3. 윤리와 기본 자세

1) 감정 개입의 책임

음악과 움직임은
사람의 감정을 깊이 건드릴 수 있는 도구다.

따라서 지도사는 항상
감정 개입의 책임을 인식해야 한다.

•감정을 억지로 끌어내지 않는다.
•표현을 강요하지 않는다.
•언제든 멈출 수 있는 선택권을 제공한다.

2) 신체 활동 시 안전 원칙

뇌운동은
'효과'보다 '안전'이 우선이다.

• 무리한 동작은 피한다.
• 대상의 연령과 상태에 맞게 난이도를 조절한다.
• 통증이나 불편함이 느껴지면 즉시 중단한다.

안전이 확보되지 않으면 어떤 활동도 의미를 가질 수 없다.

3) 지도사의 자기 조절

융합지도사는
먼저 자기 자신의 상태를 조절할 수 있어야 한다.

지도사의 긴장, 불안, 급함은
그대로 대상에게 전달된다.

좋은 수업은
지도사의 안정된 상태에서 시작된다.

✨ 음악은 감정을 깨우고,
신체 움직임은 뇌를 연결한다.

융합지도사는
이 둘을 의도적으로 설계하는 사람이다.

제2장. 음악의 생리·심리적 기초

음악은 어떻게 몸과 마음을 동시에 움직이는가

이 장에서는 음악이 단순한 감성 자극을 넘어
뇌와 신체에 실제로 어떤 변화를 일으키는지를 살펴본다.

음악심리지도사에게 이 이해는 선택이 아니라 필수다.

왜 어떤 음악은 사람을 안정시키고,
어떤 음악은 오히려 긴장을 높이는지에 대한 과학적 근거를 이 장에서 다룬다.

---

1. 음악과 뇌

1) 청각피질, 편도체, 해마, 전두엽의 역할

음악을 들을 때 뇌는 한 부분만 반응하지 않는다.
음악 자극은 여러 뇌 영역을 동시에 활성화한다.

먼저 청각피질은
소리의 높낮이, 리듬, 음색을 분석한다.
이는 음악에서 '듣는' 단계에 해당한다.

그러나 음악의 힘은 청각피질에서 끝나지 않는다.

편도체는
음악이 주는 감정 반응을 빠르게 처리한다.
음악을 듣자마자
기쁨, 슬픔, 긴장, 편안함을 느끼는 이유가 여기에 있다.

해마는
음악과 기억을 연결한다.
특정 노래를 들었을 때
과거의 장면이나 감정이 자연스럽게 떠오르는 것은
해마가 음악을 기억의 열쇠로 사용하기 때문이다.

마지막으로 전두엽은
감정과 행동을 조절하고, 집중과 판단에 관여한다.
음악이 전두엽을 자극하면
감정은 안정되고, 생각은 정돈된다.

즉, 음악은

- 청각피질에서 인식되고
- 편도체에서 감정으로 반응하며
- 해마에서 기억과 연결되고
- 전두엽에서 조절된다

이 동시적 작용이
음악이 강력한 심리 도구가 되는 이유다.

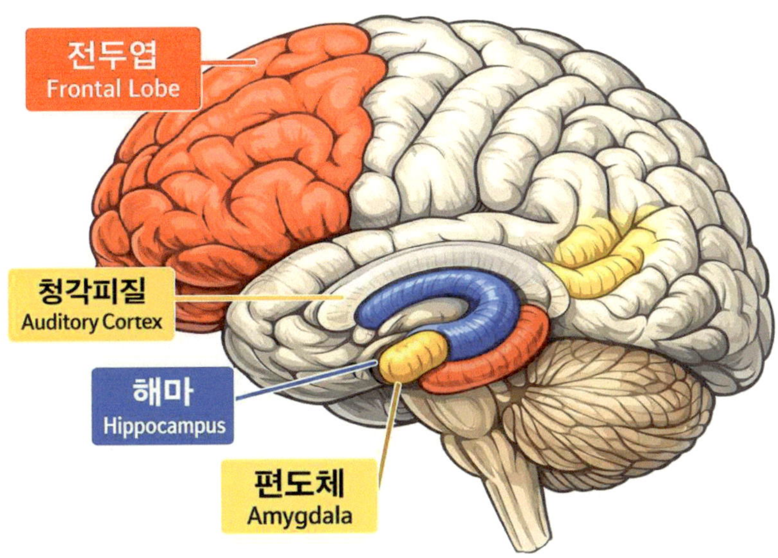

◆ 음악 자극의 뇌 전달 흐름

음악 자극 ↓ 청각피질 (소리 인식) ↓ 편도체 (감정 반응) ↓ 해마 (기억 연결) ↓ 전전두엽 (조절·집중)

2) 음악 자극이 뇌에 전달되는 과정

음악 자극은
천천히 분석되는 정보가 아니다.
감정은 생각보다 훨씬 먼저 반응한다.

소리는 귀를 통해 들어오자마자
청각피질로 전달되며,
동시에 편도체로 빠르게 연결된다.

이 과정에서
뇌는 "이 소리는 안전한가, 위협적인가"를 순식간에 판단한다.

그래서 음악은 설명이나 이해 이전에
사람의 심리 상태를 바꾼다.
음악심리지도사는 이 점을 반드시 기억해야 한다.

음악은 이해시키는 도구가 아니라
심리 상태를 바꾸는 도구다.

---

2. 전두엽이 제대로 기능하지 않을 때 나타나는 변화
— 전두엽은 '생각하는 뇌'이자 '조절하는 뇌'이다

1) 전두엽이 하는 일

전두엽은 뇌의 앞부분으로,
우리가 사람답게 행동하도록 조절하는 중심 역할을 한다.

전두엽의 주요 기능은 다음과 같다.
•감정 조절
•충동 억제
•계획과 판단
•집중과 문제 해결
•사회적 행동 조절
•자기 통제와 책임감

👉 "하고 싶은 것"과 "해도 되는 것"을 구분하게 해주는 뇌이다.

2) ❗ 전두엽 기능이 약해지면 나타나는 변화

① 감정 조절이 어려워진다

•쉽게 화를 낸다
•감정 기복이 심해진다
•짜증, 불안, 우울이 잦아진다
➡ 감정을 '느끼는 것'은 정상이나
➡ 조절이 어려워진다

② 충동 조절이 약해진다

• 생각보다 행동이 먼저 나온다
• 기다리지 못한다
• 말이나 행동이 거칠어진다
➡ "알지만 못 참는 상태"

③ 집중력과 계획력이 떨어진다
• 한 가지 일에 오래 집중하지 못함
• 해야 할 일을 미루거나 잊어버림
• 순서대로 생각하기 어려움
➡ 학습·업무 효율 저하

④ 사회적 판단력이 흐려진다
• 상황에 맞지 않는 말이나 행동
• 상대의 감정을 잘 읽지 못함
• 규칙을 가볍게 여김
➡ 관계 갈등 증가

⑤ 스트레스에 매우 취약해진다
• 작은 자극에도 쉽게 무너짐
• 회복이 느림
• 피로와 무기력 증가
➡ 전두엽은 스트레스에 가장 먼저 영향을 받는 부위

---

3) 전두엽과 음악·움직임의 관계
전두엽은 훈련으로 회복되는 뇌 영역이다.
특히 다음 활동이 효과적이다.

✔ 음악 활동

- 리듬 → 주의집중 회복
- 음악 듣기 → 감정 조절
- 즉흥 연주 → 자기 조절 능력 향상

✔ 움직임 활동

- 교차 움직임 → 좌우 뇌 연결
- 리듬 운동 → 실행 기능 강화
- 반복 동작 → 안정감 회복

☞ 음악과 움직임은
전두엽을 '자극'하는 것이 아니라
다시 기능하게 만드는 통로이다.

✨ 전두엽이 약해지면 감정은 커지고, 통제는 약해진다.
전두엽은 '생각하는 뇌'가 아니라 '조절하는 뇌'이다.

---

3. 전두엽 발달 단계별 특징

— 연령에 따라 다르게 자라는 '조절의 뇌'

① 유아기 (0~6세)

◆ 전두엽 발달 특징

- 전두엽 기능이 아직 매우 미성숙
- 감정과 행동이 거의 동시에 반응
- '기다림', '조절' 개념이 거의 없음

◆ 주된 행동 특징

- 울음, 분노, 흥분이 즉각적으로 표현됨
- 충동적 행동 많음
- 규칙 이해보다 감정 반응이 먼저 나옴

◆ 지도 포인트

✔ 통제보다 안정감 제공
✔ 말보다 리듬·움직임·놀이
✔ 짧고 반복적인 활동이 효과적

📌 *이 시기에는 훈육보다 '정서 안정'이 전두엽 발달의 핵심이다.*

---

② 아동기 (7~12세)

◆ 전두엽 발달 특징

• 주의집중 능력 점차 발달
• 규칙 이해 가능
• 자기조절의 기초 형성 단계

◆ 주된 행동 특징

• 집중 시간 짧음
• 실패에 민감
• 칭찬에 크게 반응

◆ 지도 포인트

✔ 성공 경험을 자주 제공
✔ 놀이 속 규칙 제시
✔ 리듬·패턴 활동이 전두엽 자극에 효과적

☞ *이 시기의 전두엽은 "훈련하면 자라는 뇌"이다.*

---

③ 청소년기 (13~19세)

◆ 전두엽 발달 특징

• 감정 뇌는 빠르게 성장
• 전두엽은 아직 완성되지 않음
• 감정 ↔ 판단 불균형 시기

◆ 주된 행동 특징

• 감정 기복 심함
• 충동적 선택
• '알지만 못 멈춤' 상태 자주 발생

◆ 지도 포인트

✔ 통제보다 선택권 제공
✔ 감정 표현 통로 열어주기

✔ 음악·움직임으로 감정 방출 유도

📌 *청소년의 문제 행동은 의지가 아니라 뇌 발달의 문제다.*

---

④ 성인기 (20~50대)

◆ 전두엽 발달 특징

판단·계획·자기조절 능력 완성
스트레스에 따라 기능 저하 가능

◆ 주된 특징

과도한 책임감
감정 억압
번아웃 위험 증가

◆ 지도 포인트

✔ 이완과 회복 중심
✔ 자기 인식 훈련
✔ 음악·호흡·리듬으로 긴장 완화

📌 *성인의 전두엽은 "회복이 필요하다".*

---

⑤ 노년기 (60세 이후)

◆ 전두엽 발달 특징

처리 속도 감소
기억·집중력 저하 가능
감정은 비교적 유지됨

◆ 주된 특징

새로운 정보에 부담
익숙한 것에 안정감 느낌

◆ 지도 포인트

✔ 회상 중심 활동
✔ 반복·리듬 활용

✔ 정서 안정이 최우선

📌 *노년기의 전두엽은 '유지와 보호'가 핵심이다.*

✨ 전두엽은 태어날 때 완성되지 않는다
환경과 경험에 따라 평생 변화한다

음악과 움직임은 전두엽 발달을 돕는 가장 안전한 자극이다

전두엽은 경험을 통해 자라는 뇌이다.

---

4. 편도체가 제대로 기능하지 않을 때 나타나는 변화

— 감정을 조절하는 뇌의 경고등

---

1) 편도체란 무엇인가?

편도체(Amygdala)는
뇌 속에서 위험을 감지하고 감정을 즉각적으로 반응시키는 역할을 한다.

특히 다음과 같은 기능을 담당한다.
- 공포와 불안 인식
- 위협 판단
- 감정 반응의 시작
- 스트레스 반응 활성화

📌 *편도체는 '감정의 경보기' 역할을 한다.*

---

2) ❗ 편도체가 과도하게 활성화되면

① 불안과 긴장이 지나치게 커진다

- 사소한 자극에도 예민하게 반응
- 늘 긴장된 상태 유지
- 쉽게 놀라고 불안해함

➡ 몸은 항상 '위험 상황'이라고 인식

② 감정 조절이 어려워진다

- 화를 쉽게 낸다
- 감정 폭발 또는 울음
- 사소한 일에도 과도한 반응

➡ 전두엽보다 감정 반응이 먼저 작동

③ 집중력과 학습 능력이 떨어진다

- 머리가 멍해짐
- 수업이나 활동에 몰입하지 못함
- 기억력이 저하됨

➡ 편도체가 활성화되면 해마·전두엽 기능이 억제됨

④ 신체 증상이 나타난다

- 두근거림
- 복통, 두통
- 근육 긴장
- 수면 장애

➡ 감정 스트레스가 신체로 표현됨

⑤ 사람 관계에서 어려움이 생긴다

- 쉽게 방어적이 됨
- 타인의 말에 과민 반응
- 관계 회피 또는 공격적 반응

➡ "안전하지 않다"는 신호가 계속 켜진 상태

---

3) ⚠️ 편도체가 약해졌을 때 (저활성)

반대로 편도체 반응이 지나치게 낮아질 경우

- 감정 표현이 둔해짐
- 공감 능력 저하
- 위험 인식이 약해짐
- 기력, 무감각 상태

➡ 감정 에너지가 떨어진 상태

4) 편도체와 음악·움직임의 관계

편도체는 말보다 감각에 더 빨리 반응하는 뇌 영역이다.
그래서 다음 자극이 효과적이다.

✔ 부드러운 음악 → 불안 완화
✔ 반복 리듬 → 안정감 제공
✔ 천천히 움직이기 → 과각성 진정
✔ 호흡 + 소리 → 감정 조절

👉 음악과 움직임은
편도체를 "억제"하는 것이 아니라
안정 상태로 되돌리는 역할을 한다.

✨ 편도체가 과도하게 활성화되면
사람은 생각보다 먼저 반응한다.

음악과 움직임은 그 반응을 진정시키는 가장 안전한 방법이다.

편도체는 감정을 만드는 곳이 아니라,
감정을 '경보처럼 울리는' 뇌이다.

---

5. 해마가 제대로 기능하지 않을 때 나타나는 변화
— 기억과 감정을 연결하는 뇌의 핵심

---

1) 해마란 무엇인가?

해마(Hippocampus)는
기억을 저장하고, 감정과 경험을 연결하는 뇌의 중심 역할을 한다.

특히 해마는 다음 기능을 담당한다.
- 새로운 정보 기억
- 경험을 장기기억으로 전환
- 감정과 사건의 연결
- 공간 인식과 방향 감각
- 학습의 기초 형성

📌 *해마는 '경험을 기억으로 바꾸는 통로'이다.*

2) ❗ 해마 기능이 약해지면 나타나는 문제

① 기억력이 눈에 띄게 떨어진다

- 방금 들은 내용을 잊어버림
- 같은 질문을 반복
- 학습한 내용을 오래 유지하지 못함

➡ *기억 저장 자체가 어려워짐*

② 감정과 기억의 연결이 끊어진다

- 감정이 무뎌지거나
- 반대로 감정이 과도하게 튀어나옴
- 과거 경험에서 교훈을 얻기 어려움

➡ 감정 조절이 불안정해짐

③ 새로운 학습이 힘들어진다

- 새로운 규칙이 잘 안 외워짐
- 반복 설명이 필요
- 변화에 대한 거부감 증가

➡ 해마는 '새로운 것'을 담당하는 뇌 영역

④ 스트레스에 매우 취약해진다

- 스트레스가 쌓일수록 해마 기능 저하
- 만성 스트레스 → 해마 위축 가능
- 기억력·집중력 동시 저하

➡ 해마는 스트레스에 가장 약한 뇌 구조

⑤ 시간·공간 감각이 흐려진다

- 지금이 언제인지 헷갈림
- 길 찾기 어려움
- 익숙한 장소에서도 불안감

➡ 특히 노년기에서 두드러짐

3) 해마와 음악·움직임의 관계

해마는 감정이 동반된 경험에서 가장 잘 활성화된다.

✔ 음악 → 감정 + 기억 동시 자극
✔ 리듬 → 반복 학습 강화
✔ 움직임 → 기억 저장 경로 활성화

👉 그래서 음악 활동은
단순한 즐거움이 아니라 기억을 살리는 자극이다.

✨ 해마는 기억을 저장하는 뇌가 아니라,
경험을 '의미 있는 기억'으로 바꾸는 뇌이다.

해마가 약해지면 기억이 흐려지고,
감정과 경험의 연결도 약해진다.

6. 음악과 호르몬

1) 도파민, 세로토닌, 옥시토신

음악이 사람을 기분 좋게 만드는 이유는 '느낌'만의 문제가 아니다.
음악은 실제로 호르몬 분비에 영향을 준다.

도파민은
기쁨과 동기 부여와 관련된 호르몬이다.
좋아하는 음악을 들을 때 기대감이나 즐거움이 생기는 이유는
도파민 분비와 깊이 연결되어 있다.

세로토닌은
정서 안정과 관련된 호르몬이다.
차분한 음악, 반복적인 리듬의 음악은 세로토닌 분비를 촉진해
불안과 긴장을 낮추는 데 도움을 준다.

옥시토신은
신뢰와 유대감을 형성하는 호르몬이다.

합창, 합주, 함께 음악을 듣는 경험에서 사람들 사이의 친밀감이 높아지는 것은 옥시토신의 작용과 관련이 있다.

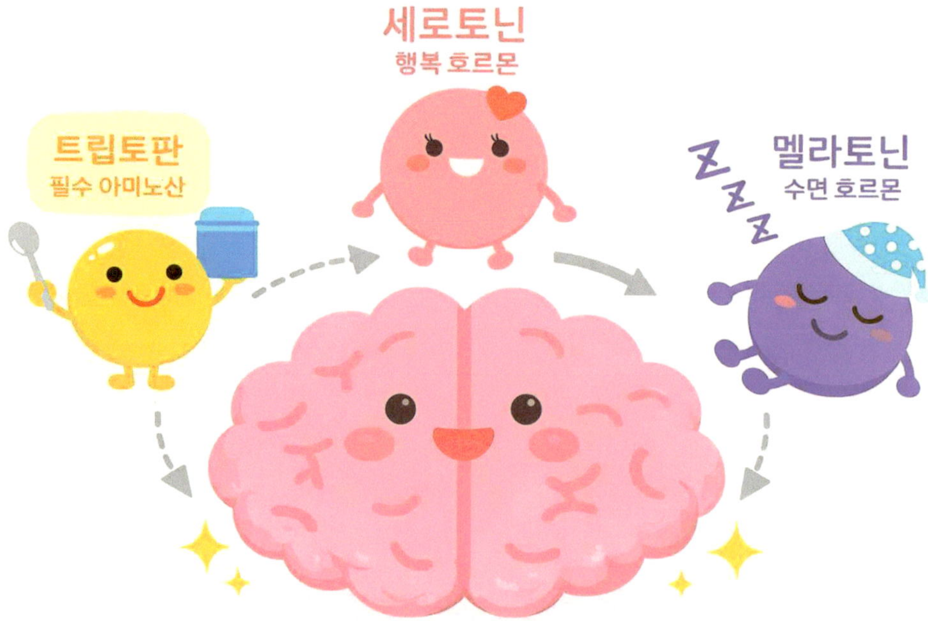

트립토판은 몸에서 만들 수 없어 음식으로 섭취해야 하는 '필수 아미노산'이며, 세로토닌과 멜라토닌의 원료가 됩니다.

2) 음악이 정서 안정에 기여하는 생리학적 원리

음악은 호르몬 분비를 통해 신체 상태를 직접 변화시킨다.

- 심박수가 느려지고
- 호흡이 깊어지며
- 근육 긴장이 완화된다

이러한 변화는
'마음을 진정시키려 애써서' 생기는 것이 아니다.
신체가 먼저 반응하면서 자연스럽게 마음도 안정되는 것이다.

그래서 음악은 감정을 억지로 다루지 않으면서도 정서 안정에 효과적이다.

7. 음악과 스트레스 조절

1) 긴장 완화와 이완 반응

스트레스 상황에서 신체는 자동으로 긴장한다.
어깨가 굳고, 호흡이 얕아지며, 심박수가 빨라진다.

음악은 이 자동 반응을 부드럽게 되돌리는 역할을 한다.
느린 템포의 음악,
예측 가능한 리듬,
부드러운 음색은
뇌에 "지금은 안전하다"는 신호를 보낸다.

그 결과
신체는 자연스럽게 이완 반응으로 변화한다.

---

2) 자율신경계와 음악

자율신경계는
교감신경과 부교감신경으로 구성된다.

- 교감신경: 각성·긴장
- 부교감신경: 안정·회복

스트레스 상태에서는 교감신경이 과도하게 활성화된다.

음악은
부교감신경을 활성화해 균형을 회복하도록 돕는다.
특히
- 느린 호흡을 유도하는 음악
- 반복 구조가 있는 음악
- 갑작스러운 변화가 적은 음악은 스트레스 완화에 효과적이다.

음악심리지도사는
이 원리를 이해하고
상황에 맞는 음악을 선택해야 한다.

♫ 실습 활동

1) 음악 감정 일지 작성

하루 중 한 곡의 음악을 선택해 아래 내용을 기록해 본다.

- 음악을 듣기 전 감정 상태
- 음악을 들으며 나타난 감정 변화
- 신체 반응(호흡, 긴장, 표정)

이 기록은 음악의 효과를 객관적으로 관찰하는 훈련이다.

---

2) 나만의 안정 음악 선정하기

나에게 안정감을 주는 음악을 3곡 이상 선정해 본다.

- 언제 이 음악을 듣는가?
- 어떤 상황에서 가장 효과적인가?

이는 훗날 내담자에게 음악을 제안할 때 중요한 기준이 된다.

학습 질문

1. 음악이 신체와 감정에 동시에 영향을 미치는 이유는 무엇인가?
2. 내가 스트레스를 받을 때 가장 자주 찾는 음악은 무엇인가?
3. 그 음악은 내 몸에 어떤 변화를 일으키는가?

✨ 음악은 감정·기억·몸·행동을 담당하는 뇌 영역을 동시에 자극하기 때문에 마음과 몸에 함께 영향을 미칩니다.

2부. 감정 조절과 뇌 안정

-음악 & 뇌운동의 실제 적용-

2부. 감정 조절과 뇌 안정
-음악 & 뇌운동의 실제 적용

제3장. 음악은 감정의 문을 연다

이 장에서는 음악이 감정을 어떻게 깨우고,
왜 감정 조절의 출발점으로 음악이 효과적인지를 다룬다.
감정은 설명으로 움직이지 않는다.

감정은 경험을 통해 열리고, 경험을 통해 조절된다.
음악은 그 경험을 가장 안전하게 제공하는 도구다.

---

1. 감정은 설명보다 경험이다

우리는 흔히 감정을 이해시키려 한다.
"왜 그런 기분이 들었을까?",
"조금만 참아보자"와 같은 말로 감정을 설명하고 설득하려 한다.

그러나 감정은 이해의 대상이기 전에 느껴지는 상태다.

음악은 감정을 분석하지 않고,
감정을 있는 그대로 경험하게 만든다.

그래서 음악을 들으면 말로 꺼내기 어려운 감정이 먼저 반응하고,
마음의 문이 자연스럽게 열린다.

감정 조절의 시작은
감정을 없애는 것이 아니라
감정을 안전하게 경험하는 것이다.

---

2. 정서별 음악의 특성

음악은 모든 감정을 같은 방식으로 자극하지 않는다.
정서의 성격에 따라 음악의 요소 또한 다르게 작용한다.

1) 기쁨

•비교적 빠른 템포
•밝은 음색
•규칙적인 리듬
➡ 에너지와 활력을 높인다

2) 슬픔

•느린 템포
•부드러운 멜로디
•반복적인 구조
➡ 감정을 허용하고 정리하게 한다

3) 분노·긴장

•강한 리듬 또는 저음
•일정한 반복
➡ 감정을 밖으로 배출한 뒤 안정으로 이동

4) 안정

•예측 가능한 구조
•급격한 변화가 적은 음악
➡ 자율신경계를 안정시킨다

음악심리지도사는
감정을 '좋고 나쁨'으로 판단하지 않고,
지금 어떤 정서 상태인가를 먼저 읽어야 한다.

---

3. 감정 과잉과 감정 저하 상태 이해

감정 문제는 크게 두 가지 상태로 나눌 수 있다.

1) 감정 과잉 상태
• 불안, 긴장, 분노가 쉽게 폭발함
• 신체 긴장과 과각성 상태
➡ 먼저 안정과 이완이 필요하다

2) 감정 저하 상태
• 무기력, 감정 둔화, 반응 저하
• 에너지와 표현이 부족함
➡ 먼저 자극과 깨움이 필요하다

이 두 상태에
같은 음악, 같은 활동을 적용하면 오히려 역효과가 날 수 있다.
융합지도사는 음악과 뇌운동을 통해 감정의 높낮이를 조절하는 설계자다.

실습 활동

1. 감정 음악 카드 + 리듬 움직임

활동 목적

- 감정을 말로 설명하지 않고
- 음악과 움직임으로 안전하게 표현하기

활동 방법

- 감정 음악 카드를 한 장 선택한다
(기쁨·슬픔·분노·안정 등)

- 해당 감정에 어울리는 음악을 짧게 감상한다
- 음악의 리듬에 맞춰

손, 발, 몸 전체로 간단한 움직임을 만든다

감정 음악 카드

제4장. 신체 움직임은 뇌를 안정시킨다

몸을 움직이면 왜 마음이 가라앉는가

이 장에서는 움직임이 단순한 신체 활동을 넘어
뇌와 감정을 안정시키는 핵심 도구가 되는 이유를 다룬다.

우리는 흔히 마음을 안정시키기 위해
'생각을 바꾸려' 하거나
'감정을 다스리려' 한다.

그러나 뇌는 생각보다 몸의 상태에 더 민감하게 반응한다.

그래서 움직임은 마음을 설득하지 않고도
뇌를 안정 상태로 이끄는 가장 직접적인 방법이 된다.

---

1. 뇌는 왜 움직임에 반응하는가

뇌는 가만히 있을 때보다 움직일 때 더 많은 정보를 처리한다.
신체 움직임은 감각 정보(촉각·균형·근육 감각)를 통해 뇌에 지속적인 신호를 보낸다.
이 신호는 뇌에게 이렇게 말한다.

"지금 나는 움직이고 있고,
이 몸은 살아 있고,
비교적 안전하다."

특히 리듬 있는 움직임과 예측 가능한 반복 동작은
뇌의 과잉 경계를 낮추는 데 매우 효과적이다.

◆ 좌뇌와 우뇌의 역할

✓ 좌뇌 : 생각하고 분석하는 뇌

- 언어 이해 · 말하기 · 읽기 · 쓰기
- 수리 계산 · 논리적 사고
- 순서 이해 · 계획 세우기
- 문제 해결 · 사실 중심 사고

➡ 논리 · 분석 · 언어 · 계산 · 계획

✔ 우뇌 : 느끼고 창조하는 뇌

- 감정 인식과 공감
- 음악 · 리듬 · 멜로디 인식
- 미술 · 색감 · 상상력
- 공간 감각 · 직관적 판단

➡ 감정 · 음악 · 창의성 · 이미지 · 직관

❗ 실제 뇌는 “좌뇌는 논리, 우뇌는 감성”처럼
완전히 나뉘어 작동하지 않습니다.

✔ 핵심

- 좌뇌와 우뇌는 항상 함께 작동한다
- 음악은 양쪽 뇌를 동시에 활성화한다
- 움직임은 좌우 뇌를 연결하는 통로다

✨ 이 그림은 좌뇌와 우뇌의 기능 차이를 이해하기 위한 상징적 표현이다.
실제로는 음악과 움직임이 좌·우뇌를 동시에 활성화하며,
이 연결이 정서 안정과 학습 효과를 높인다.

🎵 음악과 좌·우뇌의 관계

✔ 음악은 우뇌 (감정·리듬) 를 먼저 자극하고
✔ 동시에 좌뇌 (분석·기억·언어) 를 함께 활성화한다.
➡ 음악 활동 = 감정 + 인지 + 신체 + 기억을 동시에 사용하는 통합 활동

✨ 음악은 좌뇌와 우뇌를 동시에 깨워 마음과 몸을 함께 움직이게 하는 통합 자극이다.

---

2. 좌·우뇌 협응과 뇌 안정

뇌는 좌뇌와 우뇌가 균형 있게 협응할 때 가장 안정적인 상태를 유지한다.

그러나 스트레스 상황에서는 한쪽 뇌가 과도하게 활성화되거나
반대로 기능이 위축되기도 한다.

1) 교차 움직임의 역할

손과 발을 교차하여 움직이는 활동은 좌뇌와 우뇌를 동시에 자극한다.
이 과정에서 뇌는 분산되었던 신경 활동을 다시 통합하려는 방향으로 작동한다.
그래서 교차 움직임은
•집중력 향상
•감정 과잉 완화
•인지 유연성 회복에 도움이 된다.

---

2) 소뇌와 안정

소뇌는 움직임의 균형과 리듬을 담당할 뿐 아니라 감정 조절에도 깊이 관여한다.
부드럽고 반복적인 움직임은 소뇌를 자극하여 뇌 전체의 긴장을 낮추는 역할을 한다.
그래서 흔들기, 천천히 걷기, 리듬을 타는 동작은
불안과 긴장을 완화시키는 데 효과적이다.

---

3. 움직임과 자율신경계

자율신경계는 우리의 의지와 상관없이 신체 상태를 조절한다.
•교감신경: 각성·긴장
•부교감신경: 안정·회복

스트레스 상태에서는 교감신경이 과도하게 활성화되어
몸은 '항상 긴장 상태'에 머무른다.

1) 느린 움직임의 힘

느리고 부드러운 움직임은
부교감신경을 활성화시킨다.

- 호흡이 깊어지고
- 심박이 느려지며
- 근육 긴장이 풀린다

이 신체 변화는 자연스럽게 감정 안정으로 이어진다.

---

2) 빠른 움직임이 필요한 경우

모든 경우에 느린 움직임만 필요한 것은 아니다.
감정 저하, 무기력 상태에서는
짧고 리듬감 있는 움직임이 뇌를 깨우는 역할을 한다.

중요한 것은 움직임의 속도와 강도 자체가 아니라,
지금 상태에 맞는 선택이다.

---

4. 움직임은 감정을 어떻게 조절하는가

감정은 머리로 조절되는 것이 아니라 상태가 바뀌면서 함께 변한다.
움직임은 감정을 직접 건드리지 않으면서도
감정이 머무는 환경을 바꾼다.

- 과잉 상태 ➡ 움직임으로 에너지 분산
- 저하 상태 ➡ 움직임으로 각성 유도

이 과정에서 감정은 자연스럽게 변화한다.

---

5. 음악과 신체 움직임이 만날 때

신체 움직임만 사용할 때보다 음악과 함께 사용할 때 뇌 안정 효과는 더욱 커진다.
음악은 움직임의 리듬과 방향을 제공하고,

움직임은 음악이 만든 감정 상태를 신체에 정착시킨다.
그래서 음악과 움직임의 결합은

- 감정 안정
- 집중 회복
- 신체 감각 회복을 동시에 이끌어낸다.

실습 활동

1. 교차 움직임 체험

활동 목적

- 좌·우뇌 협응을 통한 뇌 안정 경험

활동 방법 : 손, 발을 이용한 신체 교차 활동

2. 리듬 기반 안정 움직임

활동 목적

- 소뇌 자극과 자율신경계 안정

활동 방법

- 음악에 맞춰 신체 활동하기

제5장. 스트레스 조절의 통합 접근

음악 · 움직임 · 뇌를 하나로 엮는 방법

이 장에서는 스트레스를 하나의 문제로 보지 않고,
감정·뇌·신체가 동시에 반응하는 상태로 이해한다.

스트레스는
의지의 문제가 아니다.
성격의 문제가 아니다.
신경계가 과부하된 상태다.

따라서 스트레스 조절은 마음을 설득하는 일이 아니라
상태를 회복시키는 과정이다.

---

1. 스트레스는 어디에서 시작되는가

스트레스 상황에서 뇌는 위험 신호를 먼저 감지한다.
이때 편도체는 빠르게 활성화되고,
자율신경계는 '싸우거나 도망쳐야 하는 상태'로 전환된다.

이 과정에서
- 호흡은 빨라지고
- 근육은 긴장하며
- 생각은 경직된다

문제는 위험이 사라진 후에도 이 상태가 쉽게 꺼지지 않는다는 점이다.
그래서 스트레스는 일시적인 자극이 아니라 신체와 마음에 지속되는 반응이다.

---

2. 스트레스 조절의 오해와 전환

우리는 흔히 스트레스를 이렇게 다루려 한다.

- 긍정적으로 생각하자
- 마음을 강하게 먹자
- 참아보자

그러나 이런 접근은 이미 과부하된 신경계에 또 다른 부담을 준다.
스트레스 조절의 방향은 '참기'가 아니라 '풀어주기'다.

3. 통합 접근의 필요성
왜 하나의 방법으로는 부족한가

스트레스는 한 영역에서만 일어나지 않는다.

영역	스트레스 반응
감정	불안, 짜증, 예민
신체	긴장, 통증, 피로
인지	과잉 사고, 집중 저하

그래서 스트레스 조절도 한 가지 방법만으로는 충분하지 않다.
통합 접근은 이 세 영역을 동시에 다룬다.

---

4. 음악 · 움직임 · 뇌의 역할 분담
1) 음악의 역할

음악은 감정과 자율신경계에 가장 먼저 작용한다.

- 감정을 열고
- 호흡과 심박을 조율하며
- 안정 신호를 전달한다

음악은 스트레스 반응이 시작되는 지점에 작용하여, 신체와 감정의 반응을 조절한다.

2) 움직임의 역할

움직임은 뇌와 신체의 과잉 에너지를 분산시킨다.

- 근육 긴장 해소
- 좌·우뇌 협응 회복
- 신체 감각 재연결

움직임은 스트레스 반응의 '출구'를 만든다.

3) 뇌 안정의 핵심

음악과 움직임이 결합되면 뇌는 다음과 같은 신호를 받는다.

"지금은 안전하다."
"조절이 가능하다."

이 신호가 반복될수록 뇌는 스트레스 상태에서 점점 빠르게 회복된다.

---

5. 스트레스 상태별 통합 개입 방향

1) 과각성 스트레스 (불안·분노·긴장)

- 우선: 느린 음악
- 다음: 반복·부드러운 움직임
- 목표: 안정 · 이완

2) 저각성 스트레스 (무기력·침체)

- 우선: 리듬 있는 음악
- 다음: 짧고 명확한 움직임
- 목표: 각성 · 활력 회복

3) 혼합 스트레스 (긴장 + 피로)

- 우선: 음악으로 상태 확인
- 다음: 강도 조절 움직임
- 목표: 균형 회복

---

6. 통합 스트레스 조절의 흐름

상태 관찰
↓
음악 선택
↓
움직임 적용
↓
신경계 반응 확인
↓
유지 또는 조정

이 흐름의 핵심은 고정된 프로그램이 아니라 반응에 따라 조정하는 유연성이다.

🎵 실습 활동

1. 나의 스트레스 통합 지도안 설계

활동 목적

- 이론을 실제 지도 설계로 전환

활동 방법

- 자주 만나는 스트레스 유형 한 가지 선택
- 음악 + 움직임 + 조절 목표 설계
- 순서와 강도 기록

2. 통합 개입 체험

- 음악 감상 후
- 간단한 움직임 적용
- 전·후 상태 비교 기록

✨ 스트레스는 없애는 대상이 아니라 조절할 수 있는 상태다.

3부. 발달 단계별 융합 지도

-발달에 맞게 음악과 뇌운동을 설계하다-

3부. 발달 단계별 융합 지도

발달에 맞게 음악과 뇌운동을 설계하다

제6장. 아동을 위한 음악·뇌운동 지도

놀이로 집중을 만들고, 관계로 성장을 이끌다

아동에게 음악과 움직임은 학습 이전에 본능적인 언어다.
아이들은 설명으로 배우기보다 놀이 속에서 경험하며,
경험을 통해 자연스럽게 성장한다.

이 장에서는 아동의 발달 특성을 바탕으로
음악과 뇌운동을 놀이 기반으로 설계하는 방법을 다룬다.

---

1. 왜 아동에게는 '놀이 기반' 접근이 필요한가

아동의 뇌는 아직 완전히 분화되지 않았으며,
주의집중과 자기 조절 능력도 형성 과정에 있다.
이 시기의 아이들에게 지시와 설명 중심의 활동은 오히려 부담과 저항을 만든다.

반면, 놀이 기반 활동은 다음과 같은 장점을 가진다.

- 자발적 참여 유도
- 실패에 대한 두려움 감소
- 감정 표현의 자연스러움
- 뇌와 몸의 통합 자극

놀이 속에서 아이의 뇌는 가장 안전하게 깨어난다.

---

2. 놀이 기반 리듬 활동의 핵심 원리

1) 리듬은 뇌의 질서다

리듬은 아동의 뇌에 예측 가능한 구조를 제공한다.

짧고 반복적인 리듬은
- 주의집중 유지
- 불안 감소

• 행동 안정에 도움을 준다.

특히 박수, 발 구르기, 신체 두드리기 같은 간단한 리듬은 뇌와 몸을 동시에 자극한다.

2) 놀이 리듬은 '재미'보다 '안정'이 목적이다

놀이 활동이라고 해서 항상 흥분을 목표로 하지 않는다.
과도한 자극은 아동의 신경계를 오히려 불안정하게 만들 수 있다.

융합 지도에서의 놀이 리듬은
• 과하지 않게
• 예측 가능하게
• 안전한 반복 구조로 설계되어야 한다.

---

3. 주의집중과 사회성 발달을 위한 음악·뇌운동

1) 주의집중 발달

아동의 주의집중은 짧은 시간, 반복 경험을 통해 자란다.

• 짧은 활동 (30초~1분)
• 명확한 시작과 끝
• 반복 가능한 구조
이 세 가지가 핵심이다.

음악과 움직임이 함께할 때 아이는 '집중해야 한다'고 느끼지 않고도
자연스럽게 집중 상태에 들어간다.

2) 사회성 발달

음악·뇌운동 활동은 사회적 신호를 연습하는 장이 된다.

• 함께 박수 치기
• 순서를 기다리기
• 다른 아이의 움직임 따라 하기

이 과정에서 아이는 관계 속 리듬을 배운다.
사회성은 가르쳐지는 것이 아니라 함께 경험되며 형성된다.

---

4. 짧고 반복적인 구조가 중요한 이유

아동의 신경계는 아직 피로에 민감하다.
길고 복잡한 활동은 주의 이탈과 감정 폭발로 이어질 수 있다.

그래서 아동 지도에서는 다음 원칙이 중요하다.

- 한 활동은 짧게
- 구조는 단순하게
- 성공 경험은 자주

반복은 지루함이 아니라 안정의 기반이다.

---

5. 아동 융합 지도에서 지도사의 역할

아동 지도에서 지도사는 '가르치는 사람'이 아니라
놀이의 안전을 설계하는 사람이다.

- 지시보다 시범
- 평가보다 관찰
- 속도보다 반응

아이의 반응을 읽고 속도를 조절하는 능력이 전문가의 핵심 역량이다.

♫ 실습 활동

아동용 리듬 놀이 설계하기

활동 목적

- 아동의 주의집중과 사회성을
- 음악·뇌운동으로 자연스럽게 지원

설계 기준

1. 리듬은 단순할 것
2. 움직임은 짧고 명확할 것
3. 반복 구조를 가질 것

4. 성공 경험을 보장할 것

설계 예시

- 활동 이름: ______________________
- 사용 리듬: 박수 / 발 구르기 / 몸 두드리기
- 활동 길이: 30초~1분
- 기대 효과: 주의집중 / 안정 / 사회적 반응

✨ 아이에게 음악과 움직임은 배우는 도구가 아니라 성장하는 언어다.

제7장. 청소년을 위한 음악·뇌운동 지도

흔들리는 감정과 성장하는 뇌를 연결하다

청소년기는 신체는 성인에 가까워지지만 뇌와 감정은 아직 조율 중인 시기다.

이 시기의 청소년은
- 감정 기복이 크고
- 충동적이면서도
- 스스로를 이해받고 싶어 한다

그래서 청소년 지도는 통제도 방임도 아닌 조율과 동행의 접근이 필요하다.

이 장에서는 청소년의 뇌 발달과 정서 특성을 이해하고,
음악과 뇌운동을 통해 자기 조절 능력과 정서 표현 능력을 키우는 방법을 다룬다.

---

1. 청소년기의 뇌와 감정 특성

청소년기의 뇌는 감정을 담당하는 변연계가 먼저 발달하고,
조절과 판단을 담당하는 전두엽은 아직 성장 중이다.

이로 인해 청소년은
- 감정 반응은 빠르지만
- 감정 조절은 느리고
- 후회는 나중에 찾아오는 경우가 많다

이는 문제 행동이 아니라 발달 과정의 특징이다.

---

2. 청소년에게 음악이 중요한 이유

1) 음악은 정체성의 언어다

청소년은 자신의 감정을 말로 표현하기보다 음악으로 먼저 드러낸다.

- 좋아하는 음악
- 반복해서 듣는 노래
- 가사에 강하게 반응하는 곡

이 모든 것은 청소년의 내면 상태와 정체성 탐색을 보여주는 단서다.

2) 음악은 안전한 감정 통로다

청소년은 직접적인 질문이나 상담에 방어적으로 반응할 수 있다.
음악은 설명이나 해명 없이도 감정을 꺼내 놓을 수 있는 안전한 통로가 된다.

---

3. 뇌운동이 청소년에게 필요한 이유

1) 충동과 에너지의 출구 만들기

청소년의 신체에는 많은 에너지가 축적되어 있다.
이 에너지가 적절히 배출되지 않으면 짜증, 공격성, 무기력으로 이어질 수 있다.

리듬 있는 움직임과 구조화된 뇌운동은 에너지를 안전하게 배출할 출구를 제공한다.

2) 자기 조절 능력 강화

뇌운동은

- 멈추기
- 속도 조절
- 리듬 전환을 연습하게 한다.

이 과정은 곧 감정 조절과 충동 조절로 연결된다.

---

4. 청소년 지도에서 중요한 세 가지 원칙

1) 강요하지 않는다

청소년은 선택권이 박탈될 때 가장 강하게 저항한다.
음악과 움직임은 선택 가능한 제안의 형태로 제공되어야 한다.

2) 평가하지 않는다

"잘했다 / 못했다"는 평가는 청소년의 방어를 강화한다.
대신 "어땠어?" "몸은 어떻게 느껴졌어?" 와 같은 질문이 필요하다.

3) 함께한다

청소년 지도에서 지도사는 관찰자이자 함께 경험하는 동행자다.
지도사가 함께 움직이고 함께 음악을 느낄 때 신뢰는 자연스럽게 형성된다.

5. 청소년을 위한 음악·뇌운동 활동 설계

1) 감정 표현 활동

- 음악 듣고 감정 키워드 선택
- 가사 한 줄에 반응하기
- 음악에 맞춰 몸으로 표현하기

➡ 감정 인식과 표현 연습

2) 조절 훈련 활동

- 리듬 변화에 맞춰 움직임 속도 조절
- 멈춤 신호에 즉시 멈추기
- 호흡과 움직임 결합

➡ 자기 조절 능력 강화

3) 관계 기반 활동

- 소그룹 리듬 합주
- 서로의 움직임 따라 하기
- 공동 마무리 동작

➡ 사회적 조율 능력 발달

♫ 실습 활동

청소년용 음악·뇌운동 프로그램 설계

활동 목적

- 청소년의 정서 조절과 자기 이해를 돕는 통합 활동 설계

설계 기준

1. 선택권을 제공할 것
2. 짧고 명확한 구조를 가질 것
3. 평가 대신 느낌을 묻을 것
4. 조절 경험을 포함할 것

설계 예시

- 활동 이름: ______________________
- 사용 음악 유형: 느림 / 리듬 / 가사 중심
- 사용 움직임: 리듬 / 멈춤 / 호흡
- 기대 효과: 감정 표현 / 안정 / 조절

✨ 청소년에게 필요한 것은 통제가 아니라 조율을 배울 수 있는 안전한 경험이다.

이 장을 통해 지도사는 청소년을 '문제의 시기'가 아니라
성장의 전환점으로 바라보게 된다.

제8장. 성인을 위한 음악·뇌운동 지도

회복과 성찰을 위한 통합적 접근

성인의 삶은 역할과 책임으로 가득 차 있다.
일, 가족, 관계, 사회적 기대 속에서 성인은 감정을 느끼지 않는 법을 배우고,
몸의 신호를 무시하는 데 익숙해진다.

그러나 감정은 사라지지 않고, 몸의 긴장은 축적된다.

이 장에서는 음악과 뇌운동을 통해 성인이 자기 상태를 회복하고,
스스로를 다시 조율하는 방법을 다룬다.

---

1. 성인기의 스트레스와 뇌·몸의 특징

성인의 스트레스는 갑작스럽게 폭발하기보다
만성적으로 누적되는 경우가 많다.

- 늘 긴장된 어깨와 턱
- 얕은 호흡
- 쉬어도 쉬는 느낌이 없음
- 감정 표현의 둔화

이는 의지 부족이 아니라 신경계가 장기간 과부하된 상태다.

성인 지도에서 중요한 것은 문제를 해결하려 하기보다
먼저 회복 가능한 상태를 만드는 것이다.

---

2. 성인에게 음악이 필요한 이유

1) 음악은 멈춤의 신호다

성인은 '멈추지 않아야 한다'는 압박 속에 산다.

음악은 그 흐름을 잠시 끊고
현재로 돌아오게 만드는 멈춤의 신호가 된다.

특히 느리고 예측 가능한 음악은 호흡과 심박을 낮추며
뇌에 안정 신호를 보낸다.

2) 음악은 기억과 감정을 연결한다

성인은 음악을 통해 과거의 기억과 감정을 떠올린다.

이는 단순한 회상이 아니라
- 억눌렸던 감정 인식
- 자기 서사의 재구성
- 정체성 회복으로 이어질 수 있다.

---

3. 성인을 위한 뇌운동의 역할

1) 긴장 해소와 신체 감각 회복

성인의 몸은 오랜 시간 같은 패턴으로 굳어 있다.

부드럽고 반복적인 뇌운동은
- 근육 긴장을 풀고
- 신체 감각을 되살리며
- "내 몸이 여기 있다"는 감각을 회복시킨다.

2) 자기 조절 능력 재학습

성인은 이미 조절을 '알고' 있다.
그러나 조절을 느끼는 경험은 부족하다.

뇌운동은 속도·강도·멈춤을 직접 조절하며
자기 상태를 인식하고 조율하는 연습의 장이 된다.

---

4. 성인 지도에서 중요한 지도 원칙

1) 성찰을 서두르지 않는다

성인에게 성찰을 강요하면 오히려 방어가 강화된다.
성찰은 안정이 충분히 형성된 뒤 자연스럽게 따라온다.

2) 경험을 존중한다

성인은 각자 다른 삶의 경험을 가지고 있다.

지도사는 정답을 제시하는 사람이 아니라

경험이 안전하게 드러나도록 돕는 동반자다.

3) 선택과 속도를 맡긴다

성인 지도에서는
- 참여 방식
- 움직임 강도
- 음악 선택을 스스로 조절할 수 있도록 해야 한다.

이는 존중의 표현이자 회복의 핵심 조건이다.

---

5. 성인을 위한 음악·뇌운동 활동 설계

1) 회복 중심 활동

- 느린 음악 감상
- 호흡과 함께하는 움직임
- 반복·이완 동작

➡ 신경계 안정 · 회복

2) 성찰 연결 활동

- 음악 감상 후 한 문장 기록
- 몸의 변화 인식하기
- 기억과 감정 연결 질문

➡ 자기 이해 · 통합

3) 일상 적용 활동

- 출근 전 3분 움직임
- 긴장 신호 알아차리기
- 나만의 회복 음악 만들기

➡ 지속 가능한 자기 관리

♫ 실습 활동

성인용 음악·뇌운동 회복 프로그램 설계

활동 목적

- 성인의 스트레스 회복과 자기 성찰을 돕는 통합 프로그램 설계

설계 기준

1. 안정이 먼저 형성될 것
2. 강요 없는 참여 구조
3. 개인 차이를 존중할 것
4. 일상으로 이어질 수 있을 것

설계 예시

- 활동 이름: ______________________
- 사용 음악: 느림 / 회상 / 안정
- 사용 움직임: 호흡 / 이완 / 반복
- 기대 효과: 회복 / 통찰 / 안정

✨성인에게 필요한 지도는 변화보다 먼저, 회복이 일어날 수 있도록 돕는 경험이다.

제9장. 노년을 위한 음악·뇌운동 지도

기억을 깨우고, 삶의 리듬을 잇다

노년은 기능이 사라지는 시기가 아니라 의미가 다시 정리되는 시기다.

기억은 느려질 수 있지만 감정은 여전히 살아 있고,
음악은 그 감정에 가장 먼저 닿는다.

이 장에서는 음악과 뇌운동을 통해
노년이 존엄과 연결감을 유지하며 현재를 살아가도록 돕는 방법을 다룬다.

---

1. 노년기의 뇌·몸·정서 특성 이해

노년기의 변화는 질병이나 퇴행만으로 설명할 수 없다.

- 반응 속도는 느려지지만
- 감정 반응은 유지되거나 오히려 또렷해지고
- 몸의 안정감이 정서 안정에 더 큰 영향을 미친다.

따라서 노년 지도에서는 '기능 향상'보다
안정·연결·존중이 핵심이 된다.

---

2. 노년에게 음악이 특별한 이유

1) 음악은 기억의 열쇠다

노년의 기억은 사실 정보보다 감정이 녹아든 기억이 더 오래 남는다.

익숙한 음악은
- 잊고 있던 장면을 떠올리게 하고
- 자기 정체성을 다시 느끼게 하며
- 말보다 빠르게 마음을 연다.

특히 젊은 시절에 자주 들었던 음악은 해마와 감정 회로를 동시에 자극해
회상과 안정을 함께 이끈다.

2) 음악은 외로움을 줄인다

노년의 외로움은 사람이 없어서가 아니라
관계의 연결감이 약해졌을 때 커진다.

함께 듣고, 함께 부르고,
같은 리듬을 느끼는 경험은
"나는 여기에 있다"는 감각을 회복시킨다.

---

3. 노년을 위한 뇌운동의 역할

1) 안전한 움직임이 최우선이다

노년의 뇌운동은 강화나 훈련이 목적이 아니다.

- 천천히
- 작게
- 반복적으로 움직이며

몸이 다시 안전하다고 느끼는 경험을 제공하는 것이 핵심이다.

2) 움직임은 현재를 붙잡는다

부드러운 움직임은 주의를 지금 이 순간에 머물게 한다.
이는

- 불안 감소
- 방향감 회복
- 정서 안정으로 이어진다.

---

4. 노년 지도에서 지켜야 할 기본 원칙

1) 서두르지 않는다

노년의 속도는 존중받아야 할 리듬이다.

지도사는 결과를 앞당기지 않고
반응을 기다릴 줄 아는 사람이어야 한다.

2) 교정하지 않는다

"틀렸다", "아니다"는 말은 노년의 자존감을 빠르게 무너뜨린다.

노년 지도에서 중요한 것은
정확함이 아니라 참여하고 있다는 감각이다.

3) 기억을 평가하지 않는다

기억의 정확성보다
기억에 담긴 감정과 의미가 중요하다.

노년에게 회상은 검증이 아니라
삶을 다시 만나는 과정이다.

---

5. 노년을 위한 음악·뇌운동 활동 설계

1) 회상 중심 활동

- 익숙한 노래 듣기
- 노랫말 한 소절 따라 부르기
- 음악과 함께 떠오른 장면 나누기

➡ 기억 자극 · 정서 안정

2) 신체 안정 활동

- 의자에 앉아 하는 움직임
- 손·발 리듬 두드리기
- 호흡과 함께하는 스트레칭 동작

➡ 신체 안전 · 뇌 안정

3) 관계 연결 활동

- 함께 박수 치기
- 리듬을 서로 이어주기
- 마무리 인사 동작

➡ 소속감 · 연결감 회복

♫ 실습 활동

노년용 음악·뇌운동 프로그램 설계

활동 목적

•노년의 정서 안정과 기억·관계 연결을 돕는 통합 프로그램 설계

설계 기준

1. 안전을 최우선으로 할 것
2. 익숙한 음악을 사용할 것
3. 정답 없는 참여 구조
4. 존엄을 지키는 언어 사용

설계 예시

- 활동 이름: ______________________
- 사용 음악: 회상 음악 / 느린 음악
- 사용 움직임: 앉아서 / 작은 움직임
- 기대 효과: 안정 / 회상 / 연결

✨노년에게 좋은 지도란 기억을 검증하는 것이 아니라
삶을 존중하며 함께 머무는 것이다.

이 장을 통해 지도사는 노년을 '도움이 필요한 존재'가 아니라
삶의 이야기를 지닌 동반자로 바라보게 된다.

4부. 상담·치유 영역에서의 융합 적용

-말보다 먼저 반응하는 감정과 몸을 만나다-

4부. 상담·치유 영역에서의 융합 적용

말보다 먼저 반응하는 감정과 몸을 만나다

상담 현장에서 사람들은 항상 자신의 마음을 말로 설명하지 못한다.

특히 트라우마, 불안, 우울, 억눌린 감정 앞에서
언어는 자주 멈추고,
몸과 감정이 먼저 반응한다.

이 부에서는 음악과 뇌운동을 활용해
말 이전의 감정에 안전하게 접근하는 상담 기법을 다룬다.

제10장. 음악·뇌운동 기반 상담 기법
비언어적 감정 표현을 여는 통합적 접근

음악·뇌운동 기반 상담은 문제를 분석하거나 해결하려는 상담이 아니다.

그보다 내담자가 자신의 상태를 느끼고, 표현하고, 조절하는 경험을
안전하게 하도록 돕는 과정이다.

---

1. 음악·뇌운동 상담의 기본 관점
1) 말보다 경험이 먼저다

상담 초기, 내담자는 자신의 감정을 정확한 언어로 표현하지 못하는 경우가 많다.
이때 음악과 움직임은 설명 없이도 감정에 접근할 수 있는
비언어적 통로가 된다.

2) 해석보다 반응을 존중한다

음악·뇌운동 상담에서 지도사는 감정을 해석하거나 의미를 부여하려 하지 않는다.
중요한 것은 "왜 그런가"가 아니라 "지금 무엇이 느껴지는가"이다.

---

2. 음악 감상 상담 기법
1) 음악 감상은 감정의 문을 연다

음악 감상 상담은 내담자가 음악을 들으며 자신의 감정 반응을 관찰하도록 돕는 기법이다.

- 음악은 감정을 직접 자극하고
- 방어를 낮추며
- 말하지 못한 감정을 표면으로 끌어올린다

2) 상담자의 역할

음악 감상 중 상담자는 질문보다 공간을 제공하는 사람이다.

- “어떤 느낌이 드나요?”
- “몸은 어떻게 반응하나요?”

이처럼 열린 질문만으로 내담자의 경험을 지지한다.

---

3. 즉흥 연주 + 동작 기법

1) 즉흥은 통제에서 벗어나는 경험이다

즉흥 연주와 동작은 정답이나 기술을 요구하지 않는다.
이는 내담자가 통제를 내려놓고 현재의 감정과 에너지를 그대로 표현하도록 돕는다.

2) 소리와 움직임의 결합 효과

소리는 감정을 외부로 드러내고 움직임은 에너지를 몸 밖으로 흐르게 한다

두 요소가 함께할 때 감정은 머무르지 않고 순환하며 완화된다.

3) 안전한 즉흥을 위한 원칙

- 강요하지 않는다
- 짧게 시작한다
- 멈출 수 있는 선택권을 준다

즉흥은 해방이 아니라 안전한 표현이어야 한다.

🎵 즉흥 연주는 왜 스트레스 해소에 효과적인가

— 음악심리 관점에서 본 즉흥 연주의 힘

1) 즉흥 연주는 ‘통제에서 벗어나는 경험’이다

스트레스의 본질은
과도한 통제와 긴장 상태에 있다.

• 우리는 일상에서 끊임없이
• 잘해야 하고
• 틀리면 안 되고
판단 받아야 하는 상황에 놓인다.

이때 뇌는
✔ 긴장
✔ 경계
✔ 방어 상태를 유지하게 된다.

즉흥 연주는 이러한 상태에서 벗어나
통제를 잠시 내려놓는 경험을 가능하게 한다.

정해진 악보도,
정답도,
평가도 없는 상황에서
소리를 내는 순간,

뇌는 "안전하다"는 신호를 받게 된다.

---

2) 즉흥 연주는 감정을 '표현'이 아닌 '배출'하게 한다

말로 감정을 설명하려 하면
전두엽이 먼저 작동하면서 감정을 통제하려 한다.

그러나 즉흥 연주는 다르다.

• 생각보다 먼저 소리가 나오고
• 판단보다 먼저 움직임이 일어나며
• 감정이 자연스럽게 외부로 흘러나온다

이 과정에서
감정은 억제되지 않고 해소된다.

📌 즉흥 연주는 감정을 "이해하게" 하는 것이 아니라
안전하게 빠져나가게 하는 통로다.

---

3) 뇌과학적으로 본 즉흥 연주의 효과

즉흥 연주 시 뇌에서는 다음과 같은 변화가 일어난다.

✔ 편도체 활동 감소
➡ 불안·공포 반응 완화

✔ 전두엽 과잉 억제 완화
➡ 지나친 자기통제 감소

✔ 감각-운동 회로 활성화
➡ 긴장 해소, 안정감 증가

✔ 도파민 분비 증가
➡ 긍정 감정, 몰입감 형성

즉, 즉흥 연주는
스트레스 반응을 낮추고 회복 회로를 활성화하는 자연스러운 방식이다.

---

4) 즉흥 연주가 '치유적'인 이유

즉흥 연주에는 세 가지 중요한 특징이 있다.

① 실패가 없다
➡ 잘못된 소리가 존재하지 않는다.

② 비교가 없다
➡ 타인과의 평가에서 벗어난다.

③ 지금-여기에 머문다
➡ 과거·미래 걱정이 줄어든다.

이 세 가지 요소는
심리적 안정에 가장 중요한 조건이다.

---

5) 스트레스 상황에서 즉흥 연주가 특히 효과적인 이유

스트레스 상태	즉흥 연주의 역할
긴장	근육 이완
불안	호흡 안정
억압	감정 배출
과각성	리듬 조절
무기력	에너지 회복

즉흥 연주는
스트레스를 없애기보다
몸이 스스로 회복하도록 돕는다.

6) 지도사가 알아야 할 즉흥 연주 활용 원칙

- ✔ 정답을 요구하지 않는다
- ✔ 소리의 크기·리듬을 제한하지 않는다
- ✔ 중단할 자유를 반드시 제공한다
- ✔ 평가·해석을 하지 않는다
- ✔ 짧고 가볍게 시작한다

즉흥 연주에서 가장 중요한 것은
"잘했는가"가 아니라
"안전하게 즐길 수 있었는가"이다.

7) 핵심 정리

즉흥 연주는 스트레스를 없애는 기술이 아니라,
스트레스를 흘려보내는 경험이다.

그리고 그 경험이 반복될수록
사람은 점점 더
자신의 감정과 몸을 신뢰하게 된다.

📌 즉흥 연주는 뇌의 긴장을 낮추고,
감정을 안전하게 풀어내는 가장 자연스러운 방법이다.

4. 비언어적 감정 표현의 중요성

1) 말이 어려운 감정들

- 분노
- 슬픔
- 두려움
- 혼란

이 감정들은 말보다 몸과 소리에 먼저 나타난다.

2) 비언어적 표현은 치유의 시작이다

감정을 말로 설명할 수 없다고 해서 느끼지 않는 것은 아니다.

비언어적 표현은 감정을 억누르지 않고, 신체와 정서를 통해 자연스럽게 드러나도록 돕는 치유 과정의 출발점이다.

---

5. 음악·뇌운동 상담에서의 윤리와 태도

1) 내담자의 속도를 따른다

상담자는 내담자의 반응보다 앞서가서는 안 된다.

2) 표현을 평가하지 않는다

“잘했다”, “이상하다”는 말은 즉각적인 위축을 만든다.

표현은 옳고 그름이 없다.

3) 조절 가능성을 남겨 둔다

상담의 목표는 감정을 꺼내는 것이 아니라
다시 조절할 수 있도록 돕는 것이다.

실습 활동

음악·뇌운동 기반 상담 세션 설계

활동 목적

• 언어 이전의 감정을 안전하게 표현·조절하는 상담 경험 설계

설계 기준

1. 안정이 먼저 형성될 것
2. 음악 → 움직임 → 정리 순서 유지
3. 선택권과 멈춤 권리 보장
4. 해석보다 경험 기록

설계 예시

• 사용 음악: 느린 음악 / 즉흥 소리
• 사용 동작: 작은 움직임 / 자유 동작
• 상담 초점: 감정 인식 / 조절 / 안전

✨ 상담의 목적은 표현을 가르치는 것이 아니라, 표현해도 무너지지 않는 공간을 만들어 주는 것이다.

제11장. 특수 분야 적용

음악·뇌운동 융합 접근의 실제

음악·뇌운동 융합 지도는 특정 진단을 고치기 위한 기법이 아니다.

이 접근의 핵심은 사람을 진단명으로 보지 않고,
상태·감정·몸의 신호를 함께 읽는 것이다.

이 장에서는 현장에서 가장 많이 요청되는 세 가지 특수 영역에 대한
지도 원칙과 실제 적용 방향을 다룬다.

---

1. 발달장애 영역 적용

1) 발달장애 지도에서 중요한 관점

발달장애 아동·청소년은 감정이 없는 것이 아니라
표현과 조절의 방식이 다를 뿐이다.

따라서 지도사는 교정이나 훈련보다
안전한 감각 경험과 반복 구조를 제공해야 한다.

2) 음악의 역할

- 예측 가능한 리듬
- 반복되는 멜로디
- 짧고 명확한 구조

음악은 발달장애 대상자에게 안정과 참여의 기준점이 된다.

3) 뇌운동 적용 원칙

- 큰 동작보다 작은 움직임
- 성공 기준을 낮게 설정
- '잘함'보다 '참여함'을 인정

움직임은 감각 통합과 자기 조절 능력을 부드럽게 돕는다.

4) 적용 예시 활동

- 리듬 악기 반복 연주
- 음악에 맞춰 손·발 두드리기
- 음악 시작·끝 신호에 맞춘 움직임

➡ 예측 가능성 + 안정 + 참여감

---

2. 우울·불안 완화 적용

1) 우울·불안 상태의 공통 특징

- 신체 에너지 저하 또는 과각성
- 감정 인식의 둔화 또는 과민
- 생각 중심의 반복

이 영역에서는 감정 분석보다 신경계 안정이 먼저 필요하다.

2) 음악 활용 방향

- 느린 템포
- 반복 구조
- 자극이 적은 음색

음악은 뇌에 “지금은 안전하다”는 신호를 보내는 도구가 된다.

3) 뇌운동 활용 방향

- 호흡과 연결된 움직임
- 강도 선택 가능
- 멈춤이 허용되는 구조

움직임은 불안을 몸 밖으로 흘려보내고,
우울로 굳어진 몸을 깨운다.

4) 적용 예시 활동

- 음악 감상 + 호흡 인식
- 작은 움직임으로 긴장 풀기
- 활동 후 말 없는 정리 시간

→ 안정 → 인식 → 회복

3. 치매 예방 프로그램 적용

1) 치매 예방의 핵심 관점

치매 예방은 기억을 훈련하는 것이 아니라
감정·관계·현재감을 유지하는 것이다.

특히 노년에게는 정확한 기억보다 의미 있는 경험이 중요하다.

2) 음악의 역할

- 젊은 시절의 익숙한 음악
- 함께 부를 수 있는 노래
- 반복되는 후렴

음악은 해마와 편도체를 동시에 자극하여, 기억의 회상과 정서적 안정감을 함께 이끈다.

3) 뇌운동의 역할

- 앉아서 하는 안전한 움직임
- 리듬과 결합된 손·발 동작
- 타인과의 동작 맞추기

움직임은 현재에 머무는 감각과 관계 연결을 강화한다.

4) 적용 예시 활동

- 회상 음악 듣기 + 박수
- 노랫말 한 소절 따라 부르기
- 음악에 맞춘 인사 동작

→ 회상 + 안정 + 연결

---

4. 실습

특수 분야 통합 프로그램 기획

이 실습은 특정 진단을 위한 치료 계획이 아니라,
음악·뇌운동 융합 지도사로서의 설계 능력을 기르는 데 목적이 있다.

1) 프로그램 기획 단계

1 대상 선정
- 발달장애 / 우울·불안 / 노년

2 핵심 목표 설정
- 안정 / 참여 / 회복 / 연결

3 음악 선정
- 익숙함 · 반복 · 안전

4 움직임 설계
- 선택 가능 · 강도 조절 · 멈춤 허용

2) 프로그램 설계 예시

- 프로그램 이름: ____________________
- 대상: ____________________
- 주요 음악 요소: ____________________
- 주요 움직임 요소: ____________________
- 기대 효과: ____________________

3) 지도사 체크 포인트

- 교정하려 하지 않았는가?
- 안전이 먼저 확보되었는가?
- 참여의 방식이 다양했는가?
- 감정 표현을 존중했는가?

✨ 특수 분야 적용이란 더 많은 기술을 쓰는 것이 아니라
더 조심스럽고, 더 존중하는 지도를 선택하는 일이다.

5부. 지도사 실무와 전문성

-현장에서 신뢰받는 지도사가 되는 법-

5부. 지도사 실무와 전문성

현장에서 신뢰받는 지도사가 되는 법

좋은 프로그램은 화려한 활동으로 만들어지지 않는다.

좋은 프로그램은 목표가 분명하고, 난이도가 조절되며,
안전한 구조 안에서 진행될 때 완성된다.

이 부에서는 지도사가 현장에서 가장 자주 마주하는 질문,
"어떻게 설계하고, 어떻게 진행할 것인가?"에 대한 실무적 기준을 제시한다.

제12장. 프로그램 설계와 진행

전문 지도사의 기본기

프로그램 설계는 활동을 나열하는 일이 아니다.

그것은
대상의 상태를 읽고,
경험의 흐름을 설계하며,
안전하게 마무리하는 전문가의 판단 과정이다.

---

1. 목표 설정

무엇을 하게 할 것인가가 아니라, 무엇을 경험하게 할 것인가

1) 목표 설정의 기본 원칙

초보 지도사는
"이 활동을 하겠습니다"라고 말한다.

전문 지도사는
"이 활동을 통해 어떤 상태를 경험하게 할 것인가"를 말한다.

2) 좋은 목표의 조건

좋은 목표는 다음의 특징을 가진다.

- 결과가 아니라 과정 중심
- 성취가 아니라 상태 변화 중심
- 비교가 아니라 개인 경험 중심

☹ 나쁜 목표 예

- 리듬을 정확히 친다!
- 동작을 틀리지 않는다

☺ 좋은 목표 예

- 리듬을 느끼며 참여한다
- 내 몸의 움직임을 알아차린다

3) 목표 설정 예시

- 오늘의 목표:

➡ "참여자가 안정된 상태에서 음악과 움직임을 경험하도록 돕는다."

---

2. 난이도 조절

모두에게 같은 수업은, 아무에게도 맞지 않는다

1) 난이도는 실력이 아니라 상태에 맞춘다

난이도는 연령이나 능력보다
그날의 컨디션과 정서 상태에 따라 달라져야 한다.

2) 난이도 조절의 3단계

전문 지도사는 항상 세 가지 선택지를 준비한다.

단계	특징	지도사 역할
낮음	관찰·듣기 중심	참여 인정
중간	따라 하기	속도 조절
높음	선택적 확장	강요 금지

3) 난이도 조절의 핵심 문장

- "이건 선택이에요."
- "여기서 멈춰도 괜찮아요."
- "조금만 해도 충분해요."

이 문장은 참여자의 통제감과 안전감을 지켜준다.

---

3. 안전한 수업 구조
안전은 규칙이 아니라, 구조에서 만들어진다

1) 안전한 수업의 기본 흐름

모든 수업은 다음의 흐름을 갖추어야 한다.

1 시작 – 안정
2 중간 – 경험
3 마무리 – 정리

이 흐름이 무너지면 아무리 좋은 활동도 부담이나 혼란으로 남는다.

2) 시작 단계: 안정 만들기

- 공간 안내
- 멈춤과 선택권 설명
- 오늘의 흐름 간단히 공유

➡ “여기는 안전하다”는 신호 제공

3) 중간 단계: 경험 확장

- 음악 감상
- 움직임·리듬 활동
- 즉흥 요소(선택)

⚠ 이 단계에서 흥분·과부하가 보이면 즉시 강도를 낮춘다.

4) 마무리 단계: 정리와 회복

- 느린 음악
- 호흡
- 말 없는 마무리 또는 짧은 공유

마무리가 없는 수업은 감정을 열린 채로 방치하는 것과 같다.

마무리는 감정을 없애는 것이 아니라 안전하게 돌아오게 하는 과정이다.

4. 지도사의 전문성은 어디에서 드러나는가

전문성은 지식을 많이 아는 데서 나오지 않는다.

전문성은 다음 순간에 드러난다.

- 참여자가 멈출 때
- 예상과 다른 반응이 나올 때
- 계획을 바꿔야 할 때

진짜 전문성은 준비한 것을 모두 하는 데서 나오지 않는다.
필요할 때 멈출 수 있는 판단에서 나온다.

그 순간에 계획보다 안전을 우선할 수 있는 선택이 지도사를 전문가로 만든다.

🎵 실습

나만의 프로그램 설계하기

1) 설계 항목

- 대상: ____________________
- 핵심 목표: ____________________
- 예상 난이도 조절 포인트: ____________________
- 안전을 위한 구조: ____________________

2) 스스로 점검하기

- 목표는 상태 중심인가?
- 난이도 선택권이 있는가?
- 마무리 구조가 있는가?

✨활동을 많이 넣는다고 좋은 수업이 되는 것은 아니다.
경험의 흐름이 있어야 수업이다.
좋은 수업이란 많이 한 수업이 아니라, 안전하게 머물다 간 수업이다.

제13장. 지도사의 윤리와 자기 관리
오래, 안전하게 함께하기 위한 전문가의 조건

지도사는
누군가의 삶에 잠시 들어가는 사람이다.

그 짧은 만남이
위로가 될 수도 있고,
상처가 될 수도 있다.

그래서 지도사의 전문성은
기술이 아니라 태도에서 완성된다.

이 장은
'무엇을 할 것인가'보다
'어떤 사람으로 머물 것인가'를 다룬다.

---

1. 지도사의 윤리란 무엇인가

윤리는 규칙을 지키는 일이 아니다.

윤리는
매 순간
사람을 먼저 놓지 않는 선택이다.

1) 지도사의 권력 인식

지도사는
의도하지 않아도
권력을 가진 위치에 서게 된다.

- 공간을 통제하고
- 활동을 결정하며
- 말의 방향을 정한다

이 권력은
안전을 만들 수도,
압박을 만들 수도 있다.

전문 지도사는
자신이 가진 영향력을
항상 의식하고 조절할 수 있어야 한다.

2) 윤리의 핵심 원칙

지도사의 윤리는
다음 네 가지 원칙 위에 서 있다.

- 존중: 대상은 고쳐야 할 존재가 아니다
- 비강요: 참여는 선택이다
- 비평가: 비교·판단하지 않는다
- 안전: 어떤 상황에서도 최우선

---

2. 경계 설정의 중요성

너무 가까워지지 않는 용기

1) 좋은 관계와 위험한 친밀함의 차이

지도사는
따뜻해야 하지만,
의존의 대상이 되어서는 안 된다.

- 개인적인 문제를 대신 해결하려 하지 않는다
- 사적인 감정 교류를 요구하지 않는다
- "내가 아니면 안 된다"는 메시지를 주지 않는다

경계는 관계를 멀어지게 하는 선이 아니라
안전을 지켜주는 울타리다.

2) 관계에서 지켜야 할 기준

- 역할을 명확히 한다
- 시간·공간의 경계를 지킨다
- 상담·치료 영역은 전문가에게 연결한다

지도사는 함께 걷는 사람이지만,
대신 살아주는 사람은 아니다.

3. 지도사의 자기 관리
나를 돌보지 못하면, 누구도 돌볼 수 없다

1) 소진(Burnout)의 신호 알아차리기

다음과 같은 신호가 반복된다면
자기 점검이 필요하다.

- 수업 후 극심한 피로
- 대상의 감정이 계속 따라온다
- 짜증·무기력·회피
- "그만두고 싶다"는 생각

이것은 능력 부족이 아니라 돌봄이 과해졌다는 신호다.

2) 건강한 자기 관리의 기본

전문 지도사는
자기 관리도 직무의 일부로 여긴다.

- 일정한 휴식
- 감정 기록 또는 슈퍼비전
- 혼자 책임지지 않기
- "오늘은 여기까지"를 말할 수 있는 용기

---

4. 윤리적 판단이 필요한 순간들

현장은 교재처럼 흘러가지 않는다.

전문성은 다음 순간에 드러난다.

- 대상이 과도하게 의존할 때
- 감정 폭발이 일어났을 때
- 계획과 다른 반응이 나왔을 때

그때 지도사는 기술이 아니라 윤리로 판단한다.

윤리적 선택의 기준 질문

- 이 선택이 안전을 높이는가?
- 대상의 존엄을 지키는가?
- 나의 편안함을 위한 선택은 아닌가?

---

5. 전문 지도사로 성장한다는 것

전문가가 된다는 것은 완벽해지는 것이 아니다.

- 모른다고 말할 수 있고
- 도움을 요청할 수 있으며
- 실수를 성찰할 수 있는 사람

그 사람이 오래 남는 지도사다.

실습

나의 윤리 선언문 작성

나는 지도사로서

를 가장 중요하게 여기며,

를 지키는 사람으로 활동하겠다.

✨ 지도사의 윤리는 가르치는 태도에 있지 않다.
참여자의 상태를 존중하며, 흔들리는 순간에도 함께 머물러 주는 사람이다.

좋은 지도사는 많은 사람을 만나는 사람이 아니라, 사람을 놓치지 않는 사람이다.

-통합 지도사 선언문-

음악심리 · 뇌운동 융합 지도사의 약속

나는 음악심리 · 뇌운동 융합 지도사로서
다음의 원칙을 마음에 새기며 활동할 것을 선언한다.

1. 나는 고치려 하지 않고, 이해하려 한다

나는 사람을 문제로 보지 않고,
상태와 맥락 속에서 바라본다.

2. 나는 결과보다 안전을 먼저 선택한다

효과가 분명해 보일 때에도
안전을 해치는 선택은 하지 않는다.

3. 나는 참여를 강요하지 않는다

침묵도, 관찰도, 멈춤도
모두 존중받는 참여임을 기억한다.

4. 나는 음악과 움직임을 통제의 도구로 사용하지 않는다

음악과 움직임은
사람을 조종하는 수단이 아니라
자기 조절을 돕는 언어임을 잊지 않는다.

5. 나는 경계를 지키며 관계를 소중히 한다

따뜻함과 친밀함 사이에서
전문가로서의 역할을 잃지 않는다.

6. 나는 혼자 책임지지 않는다

필요할 때 도움을 요청하고,
연결을 선택하는 용기를 가진다.

---

7. 나는 나 자신도 돌본다

나의 몸과 마음이 안전해야
다른 이의 안전도 지킬 수 있음을 안다.

---

8. 나는 오늘의 한계를 존중한다

더 잘하려 애쓰기보다
충분했던 순간에 멈출 줄 아는 지도사가 되겠다.

선언의 마무리

나는
음악 심리와 뇌 운동 지도사 사이에서
사람을 잃지 않는 융합 지도사로
오래, 정직하게 이 길을 걷겠다.

맺음말

음악심리와 뇌운동 사이에서, 사람을 만나다

이 책은
음악을 잘 쓰는 법을 가르치기 위해 쓰이지 않았다.

신체 움직임을 정확히 지도하는 방법을 설명하기 위해서도 아니다.

이 책이 향하는 곳은
사람이 머무는 자리다.

우리는 음악을 통해
마음이 먼저 반응하는 순간을 보았고,

움직임을 통해
몸이 뇌를 안정시키는 과정을 경험했다.

그리고 그 모든 과정의 중심에는
항상 사람이 있었다.

지도사는 정답을 아는 사람이 아니라,
함께 안전하게 머무를 수 있는 사람이다.

누군가에게
음악이 위로가 되고,
움직임이 숨이 트이는 순간이 있었다면
그것으로 충분하다.

이 교재의 마지막 페이지는
끝이 아니라
지도사로 살아가는 첫날이다.

이제 당신의 자리에서
당신만의 리듬으로
사람과 사람 사이를 연결해 가길 바란다.

음악심리지도사 서미영

음악심리지도사 워크북

이론과 실습을 위한 실천 가이드

■ 음악심리 워크북

감정을 이해하고, 음악으로 조절하는 실제 기록지

■ 음악자서전 활동지

1. 나에게 음악은?

"나에게 음악은 ______________________________ 이다."

____

____

2. ♫ 음악 자서전 (My Music Autobiography)

♪ 어린 시절 가장 기억에 남는 노래:

____

♪ 힘들 때 자주 들었던 음악:

____

♪ 나를 가장 기쁘게 하는 음악:

____

■ 감정 해석 가이드 활동지 (클래식)

♫ 오늘의 곡

베토벤- 월광 소나타 1악장

이 곡은 차분하면서도 깊은 울림을 주는 피아노 선율로 유명합니다.

어떤 해석으로 듣느냐에 따라 '고요한 안정감', '쓸쓸한 슬픔', '깊은 사색' 등 다양한 감정을 경험할 수 있습니다.

♫ 활동 1. 감정 관점 바꿔 듣기

① 같은 곡을 두 번 들려드립니다.

- 첫 번째: '슬픔'의 감정에 몰입하여 들어보세요.
- 두 번째: '희망'의 감정으로 들어보세요.

② 감정을 어떻게 느꼈는지 아래 줄 칸에 적어봅시다.

___

___

___

♫ 활동 2. 감정 기록지 작성

최근에 내가 들었던 음악을 떠올려 보고,

그 음악이 어떤 상황에서 어떤 감정을 불러일으켰는지 적어봅시다.

___

___

___

정리 질문

- 같은 음악을 두 가지 감정으로 들었을 때 무엇이 달랐나요?
- 음악을 통해 떠오른 기억이나 감정은 무엇인가요?

■ 음악과 감정 알아보기

【1】 나의 오늘 감정 체크

오늘의 감정은?
(복수 선택 가능)

☐ 평온
☐ 긴장
☐ 불안
☐ 우울
☐ 무기력
☐ 분노
☐ 기대
☐ 혼란

✍ 지금 가장 가까운 감정은?

→ ---------------------------------

【2】 ♫ 감정과 음악 연결하기

감정	어울리는 음악 ♫	이유
불안		
슬픔		
기쁨		
안정		

【3】 ♫ 나에게 도움이 되는 음악 찾기

상황	음악 ♫
힘들 때	
잠들기 전	
집중할 때	
기분 전환	

■ 감정·뇌·몸의 연결 이해

관찰 → 판단 → 설계를 훈련하는 전문가 기록지입니다.

【1】 나의 출발점

나는 왜 '음악심리·뇌운동 융합지도사'가 되려 하는가?

✍ 기록하기
이 과정을 선택한 이유
→ ---

지금 나의 관심 대상(아동/청소년/성인/노인 등)
→ ---

【2】 나의 현재 상태 체크

☐ 여유 있음☐ 약간 긴장☐ 많이 긴장
☐ 몸이 가벼움 ☐ 보통 ☐ 몸이 무거움

☞ *지도사는 항상 '자기 상태 인식'에서 시작합니다.*

■ 내 청소년 시절의 노래 기록하기

아래 빈칸에 **청소년 시절** 나에게 가장 공감이 되었던 노래를 적고,

그 이유를 간단히 써봅시다.

♪ 가장 공감이 되었던 노래 : ____________________

♪ 왜 이 노래가 특별했나요?

____

____

♫ 관련 기억 나누기

음악은 단순한 소리가 아니라 '기억의 열쇠' 역할을 합니다.

노래를 들으며 떠오르는 장면·감정·의미를 적어보고, 짝과 나누어보세요.

✍기록하기

1) 장면(공간/ 사람/ 감각)

____

____

2) 감정(그때의 느낌, 강도 1~5)

____

3) 가사 한 줄 (지금도 기억나는 부분)

____

____

4) 지금의 내가 그때의 나에게 전하고 싶은 말

____

____

____

- 한 줄로 표현하면, 그 노래는 내게________________ 였다.

■ 자기표현과 치유

음악은 언어로 표현하기 어려운 감정을 드러내는 강력한 도구입니다.

오늘은 즉흥 리듬 표현과 음악 일기를 통해 자기표현과 치유를 체험해 봅시다.

♫ 활동 1: 즉흥 리듬 표현

현재 나의 기분을 리듬으로 표현해 보세요. (책상, 손뼉, 악기 활용)

→ 활동 후 느낀 점 기록

✍ 느낀 점:

___

___

___

♫ 활동 2: 나만의 음악 일기

1) 오늘 하루를 노래 제목으로 표현한다면?

→ ___

2) 지금 내 감정을 악기로 표현한다면?

→ ___

3) 오늘 내 마음을 담아 짧은 가사(한 줄)를 써본다면?

→ ___

💡 정리 질문

- 내가 표현한 소리/리듬은 어떤 감정을 담고 있었나요?
- 이 활동이 내 기분을 어떻게 변화시켰나요?

✍ 내 답변

___

■ 음악과 집단활동

음악은 혼자 경험할 때도 좋지만, 집단 속에서 함께 할 때

더 큰 에너지를 만들어냅니다.

오늘은 리듬 오케스트라와 합창 체험을 통해 집단 음악 활동의 힘을 느껴봅시다.

♫ 활동 1: 리듬 오케스트라

내가 맡은 리듬: ______________________________

함께 연주하며 느낀 점:

____

____

____

♫활동 2: 합창 체험

오늘 부른 노래: ______________________________

같이 부르며 느낀 점:

____

____

____

정리 질문

1) 집단속에서 음악을 할 때 느낀 차이점은?

→ ______________________________

2) 음악 속 소속감이 나에게 준 의미는?

→ ______________________________

■ 음악과 상담 기법

음악은 언어로 표현하기 어려운 감정을 탐색하고 상담에 활용할 수 있는 강력한 도구입니다.

오늘은 가사 분석과 즉흥 연주 활동을 통해 음악과 상담 기법을 체험해 봅시다.

♫ 활동 1: 가사 속 나 찾기

오늘 선택한 노래: ______________________________

마음에 닿은 구절: ______________________________

그 이유는?

____

____

____

♫ 활동 2: 음악으로 마음 표현하기

오늘 내 기분을 소리로 표현하면? ______________________

그룹 피드백(서로 느낀 점):

____

____

____

정리 질문

1) 음악이 상담에서 주는 특별한 장점은?

→ ______________________________

2) 오늘 내 감정을 음악으로 표현해 본 경험은 어떤 의미였나요?

→ ______________________________

■ '슬픈 음악'은 왜 위로가 될까?

이 페이지는 정답을 찾는 질문이 아닙니다.
느낌 → 이해 → 정리의 과정을 기록하는 페이지입니다.

---

① 음악 체험 기록

♫ 오늘 들은 슬픈 음악 제목
→ --
음악을 들으며 가장 먼저 느껴진 것은 무엇이었나요?
(생각보다 몸이나 감정 반응을 중심으로 적어보세요)
→ --
→ --

---

② 공감 질문

"이 음악은 나에게 무엇을 해주었을까?"

아래 문장 중 가장 가까운 느낌에 ✔ 표시하세요.
(복수 선택 가능)
☐ 내 감정을 대신 말해주는 것 같았다
☐ 혼자가 아니라는 느낌이 들었다
☐ 누군가 옆에 있어 주는 것 같았다
☐ 특별한 변화는 없었다

✍ 그 이유는 무엇이었나요?
→ --

---

③ 허용 질문

"이 음악은 내 감정을 어떻게 대했을까?"

이 음악을 들으며 슬퍼도 괜찮다는 느낌이 들었나요?
☐ 그렇다☐ 잘 모르겠다☐ 아니다

그렇게 느낀 이유를 써보세요.
→ --
→ --

---

④ 정리 질문

"슬픔은 어떻게 변했을까?"

음악을 듣기 전과 후를 비교해 보세요.

구분	전	후
슬픔의 크기 (0~10)		
마음의 상태	혼란 / 답답 / 무거움	정리 / 가벼움 / 그대로
몸의 느낌	긴장 / 무기력	이완 / 편안

✍ 가장 달라진 한 가지는 무엇인가요?

→ ---------------------------------------

⑤ 통합 이해 질문

"슬픈 음악이 위로가 되는 이유는?"

아래 문장을 완성해 보세요.

슬픈 음악은
슬픔을 ______________________ 하기 때문에
나에게 위로가 되었다.

■음악의 생리·심리적 기초

음악은 어떻게 몸과 마음을 동시에 움직이는가

【1】 나의 현재 상태 점검

수업 전 나의 상태 체크

☐ 안정됨
☐ 약간 긴장됨
☐ 피곤함
☐ 산만함

✍ 몸에서 먼저 느껴지는 신호는 무엇인가요?

→ ------------------------------------

📌 *음악의 효과는 항상 '현재 상태'에서 시작됩니다.*

【2】 음악과 뇌 반응 기록지

♫ 오늘 들은 음악

제목: ------------------------------

음악 유형:

☐ 빠름 ☐ 느림 ☐ 반복 ☐ 변화 많음 ☐ 잔잔함

♫음악을 들으며 나타난 변화

항목	음악 전	음악 중	음악 후
감정 상태			
집중 정도	낮음 / 보통 / 높음		
몸의 긴장	높음 / 보통 / 낮음		

✍ 가장 먼저 반응한 것은 무엇이었나요?

(생각 / 감정 / 몸 중 선택하여 기록)

→ ------------------------------------

【3】 감정–신체 연결 관찰

감정 반응 체크 (복수 선택 가능)

☐ 편안함
☐ 슬픔
☐ 긴장

☐ 안정
☐ 무기력
☐ 집중

신체 반응 체크

☐ 호흡이 깊어짐
☐ 어깨·턱 힘이 풀림
☐ 몸이 따뜻해짐
☐ 큰 변화 없음
✍ 감정과 신체 중 어느 쪽이 먼저 변했나요?
→ ---------------------------------------

📌 *음악은 감정만이 아니라 신체를 통해 마음을 바꿉니다.*

【4】 음악과 호르몬 이해 기록

음악을 통해 느껴진 변화는 무엇과 가까웠나요?
☐ 기분이 좋아짐 → 도파민
☐ 마음이 차분해짐 → 세로토닌
☐ 사람과 연결된 느낌 → 옥시토신
✍ 그 이유는 무엇이라고 생각하나요?
→ ---------------------------------------

【5】 스트레스 반응 관찰 기록지

음악을 듣기 전 나의 스트레스 신호

☐ 호흡이 얕았다
☐ 몸이 굳어 있었다
☐ 생각이 많았다
☐ 특별한 스트레스는 없었다

음악을 들은 후 변화

☐ 호흡이 느려졌다
☐ 몸이 이완되었다
☐ 머리가 맑아졌다
☐ 큰 변화 없음

✍ 가장 크게 달라진 한 가지

→ ______________________________________

【6】 자율신경계 관점에서 보기

음악을 들으며 나는 어느 쪽에 가까웠나요?

☐ 교감신경 (각성·긴장)
☐ 부교감신경 (안정·회복)

✍ 그렇게 판단한 이유

→ ______________________________________

【7】 나만의 안정 음악 기록지

나에게 안정감을 주는 음악 리스트

번호	음악 제목	효과적인 상황	몸의 변화
1			
2			
3			

공통점 찾아보기

이 음악들의 공통적인 특징은 무엇인가요?
(템포 / 반복 / 음색 / 분위기 등)

→ ______________________________________

【8】 학습 질문

1 음악이 신체와 감정에 동시에 영향을 미치는 이유는 무엇인가?

→ ______________________________________

2 내가 스트레스를 받을 때 가장 자주 찾는 음악은 무엇인가?

→ ______________________________________

3 그 음악은 내 몸에 어떤 변화를 일으키는가?

→ ______________________________________

joy

sadness

anger

calm

■치매 예방 워크북
— 기억을 깨우고, 일상을 잇다

① 오늘의 두뇌 컨디션 체크

✔ 오늘 나의 상태는?

☐ 머리가 맑다
☐ 조금 피곤하다
☐ 생각이 느리다
☐ 기분이 가볍다
☐ 말하기가 귀찮다

② 오늘의 인지 활동 주제

📌 오늘의 활동은 무엇이었나요?

예)
추억의 노래 듣기
옛날 이야기 나누기
리듬 따라 하기
사진 보고 이야기하기

③ 기억을 깨우는 시간

✔오늘 떠오른 기억은?

✏

💭 그 기억과 함께 떠오른 감정은?

☐ 즐거움
☐ 편안함
☐ 그리움
☐ 아쉬움
☐ 잘 모르겠다

④ 생각해 보기 – 기억 연결하기

다음 질문 중 하나만 선택해도 괜찮습니다.

✔ 이 기억은 언제쯤의 일인가요?

→ ---------------------------------

✔ 그때 나는 누구와 함께 있었나요?

→ ___________________________________

✔ 지금의 나와 비교하면 어떤 점이 다른가요?

→ ---------------------------------

⑤ 몸의 느낌 살펴보기

활동 후 내 몸의 느낌은?

항목	체크
머리	□ 가볍다 □ 보통 □ 무겁다
몸	□ 편안 □ 보통 □ 긴장
기분	□ 좋아짐 □ 그대로 □ 모르겠다

⑥ 오늘의 한 문장

오늘 나는

를 느꼈다.

⑦ 나에게 해주는 말

✏

____

____

(예: 오늘도 잘 해냈다 / 천천히 해도 괜찮다)

____

클래식 음악 & 미술 연계 활동지

— 음악을 보고, 그림으로 느끼다

---

① 오늘의 음악

곡명: ______________________________

작곡가: ______________________________

(예: 드뷔시 〈달빛〉 / 쇼팽 〈녹턴〉 / 생상스 〈백조〉 / 바흐 <G선상의 아리아>)

---

② 음악을 들으며 떠오른 느낌

아래 중 떠오르는 느낌에 ✔ 해보세요.

- ☐ 잔잔하다
- ☐ 따뜻하다
- ☐ 쓸쓸하다
- ☐ 평화롭다
- ☐ 외롭다
- ☐ 희망적이다
- ☐ 설명하기 어렵다

---

③ 음악이 색이라면?

이 음악을 색으로 표현한다면 어떤 색일까요?

색 이름: ______________________________

그 이유는?

✏ _________________________________

---

④ 음악을 그림으로 표현해 보기

🎨 아래 질문을 떠올리며 자유롭게 그려보세요.

- 이 음악은 어떤 풍경 같나요?
- 선은 부드러운가요, 날카로운가요?
- 밝은 색인가요, 어두운 색인가요?
- 나를 상징하는 물건/동물/풍경/ 색과 크기로 표현

🎨 (이 공간에 자유롭게 그림을 그려보세요)

⑤ 내가 그린 그림 속 감정

그림을 완성한 뒤, 느낀 감정에 체크해 보세요.

☐ 편안함
☐ 슬픔
☐ 안정
☐ 그리움
☐ 희망
☐ 모르겠다

🎨 그림에 담긴 의미 이야기 나누기

---

⑥ 나를 위한 질문

✔ 나는 요즘 무엇이 가장 힘든가?

✏ ------------------------------

✔ 나는 어떤 위로가 필요한가?

✏ ------------------------------

⑦ 음악 + 그림이 나에게 해준 말 (나에게 쓰는 메시지)

✏

지금의 나에게 해주고 싶은 말

나를 이해하는 것이 회복의 시작이다

지은이 소개

서 미 영

추계예술대학교 음악대학 졸업
음악심리지도사
문화예술교육지도사
그림책뮤직테라피지도사
음악놀이·음악치료지도사

지은이는 음악과 뇌과학, 심리 이론을 바탕으로
감정 조절과 인지 회복을 돕는
음악심리·뇌운동 융합 교육을 연구·실천해 온 지도사이다.

아동·청소년·성인·노년을 대상으로
음악심리 및 뇌운동 프로그램을 현장에서 운영하며,
음악이 감정을 억누르지 않고 머물 수 있도록 돕고
뇌가 다시 반응하고 깨어나는 경험을
교육과 상담 안에서 구현해 왔다.

이 책은
『음악심리 & 뇌운동 융합지도사 이론과 실제』라는 주제로,
현장 적용이 가능한 이론과 활동을 체계적으로 정리한
전문가용 실천 교본이다.
『마음을 움직이는 음악, 뇌를 깨우다.』

마음을 움직이는 음악, 뇌를 깨우다

음악심리&뇌운동융합지도사의 이론과 실제

펴낸날_ 2026년 1월 9일

지은이_ 서미영
펴낸곳_ 도서출판 창조와 지식
인쇄처_ (주)북모아

출판등록번호_ 제2018-000027호
주소_ 서울특별시 강북구 덕릉로 144
전화_ 1644-1814
팩스_ 02-2275-8577

ISBN_ 979-11-6003-993-1 03670

정가_ 16,000원